Klaus Fröhlich-Gildhoff, Maike Rönnau, Tina Dörner

Eltern stärken mit Kursen in Kitas

Handreichung für ErzieherInnen

Mit CD-ROM. Mit Kopiervorlagen und Handouts für Eltern

Ernst Reinhardt Verlag München Basel

Prof. Dr. *Klaus Fröhlich-Gildhoff*, Dozent für Klinische Psychologie und Entwicklungspsychologie an der EFH Freiburg.
Maike Rönnau, Dipl. Sozialpädagogin/Sozialarbeiterin sowie Spieltherapeutin (akt), und *Tina Dörner*, Dipl. Sozialpädagogin/Sozialarbeiterin, sind beide wiss. Mitarbeiterinnen im Zentrum für Kinder- und Jugendforschung, Freiburg, und im Projekt „Kinder stärken! – Resilienzförderung in der Kindertageseinrichtung" tätig.

Von dem Autorenteam außerdem im Ernst Reinhardt Verlag:

Prävention und Resilienzförderung in Kindertageseinrichtungen – PRiK. Trainingsmanual für ErzieherInnen. ISBN (978-3-497-01938-0)

Cover unter Verwendung von Fotos von corbis

Bibliografische Information der Deutschen Nationalbibliothek

Die Deutsche Nationalbibliothek verzeichnet diese Publikation in der Deutschen Nationalbibliografie; detaillierte bibliografische Daten sind im Internet über <http://dnb.d-nb.de> abrufbar.
    ISBN 978-3-497-01983-0
    1. Auflage

Printed in Germany
Reihenkonzeption Umschlag: Oliver Linke, Augsburg
Satz: Fotosatz Reinhard Amann, Aichstetten
Druck und Bindung: CPI – Ebner & Spiegel, Ulm

Ernst Reinhardt Verlag, Kemnatenstr. 46, D-80639 München
Net: www.reinhardt-verlag.de   E-Mail: info@reinhardt-verlag.de

Inhalt

Anhang

Die *Kopiervorlagen* und die *Handouts* für Eltern sind auf der beigelegten CD-ROM zusätzlich im DIN A-4-Format gespeichert.

Einleitung

Zwischen Eltern und Erzieherinnen entstehen zunehmend Partnerschaften bei der Bildung, Betreuung und Erziehung der Kinder. Erzieherinnen werden von vielen Eltern als Beraterinnen in Erziehungsfragen gesucht. Eltern suchen auch nach Möglichkeiten, ihre Erziehungsfertigkeiten mit anderen abzugleichen und zu verbessern. Dies war eine wichtige Grundlage für die Entwicklung des Elternkurskonzepts – speziell für die Kindertageseinrichtungen.

Eine andere Grundlage ist eine veränderte Blickrichtung bei der Förderung kindlicher Entwicklung: Zunehmend wird auf die Stärken und seelischen Widerstandskräfte (Resilienz) der Kinder geachtet; nicht die Defizite, sondern die vorhandenen Kräfte und Ressourcen jedes Einzelnen stehen im Vordergrund. Um aber eine umfassende Resilienzförderung bei Kindern zu erreichen, ist es notwendig die Ressourcen der Eltern noch gezielter zu berücksichtigen und zu fördern und ihnen Methoden an die Hand zu geben, mit denen sie die seelischen Widerstandskräfte ihrer Kinder sinnvoll stärken und unterstützen können.

Es stellt sich die Frage, warum nicht einer der zahlreichen, schon vorhandenen Kurse verwendet wurde. Grundsätzlich orientieren sich die Struktur und die einzelnen Elemente des Elternkurses an vergleichbaren, mehr oder weniger gut evaluierten Programmen (z. B. Heinrichs et al. 2002, 2006a; Grimm/Mackowiak 2006).

Der Elternkurs stellt insofern eine Weiterführung anderer Elternkurse dar, als noch konsequenter die Ressourcen der Eltern im Mittelpunkt stehen und zugleich Bezüge zur Förderung der Resilienzfähigkeit von Kindern hergestellt werden.

Die Idee zu diesem Elternkurs entstand im Rahmen des Praxisforschungsprojekts „Kinder Stärken! – Resilienzförderung in der Kindertagesstätte". Dieses Projekt wurde vom 1. August 2005 bis 31. Juli 2007 im Zentrum für Kinder- und Jugendforschung an der Evangelischen Fachhochschule Freiburg durchgeführt. Mit gezielten Beratungs-, Unterstützungs- und Trainingsprogrammen wurde ein sozialraumbezogenes Konzept zur Resilienzstärkung von Kindern (unter Einbeziehung ihrer Familien) in Kindertagesstätten realisiert und evaluiert. Die Arbeit mit den Eltern beinhaltete dabei neben dem Angebot einer wöchentlich stattfindenden Sprechstunde auch Elternkurse. Für diese Elternkurse wurde das nachfolgend dargestellte Konzept entworfen.

Der vorliegende Band ist zweigeteilt. Im ersten Teil werden der theoretische Hintergrund des Kurses und Erkenntnisse zum Thema Erziehungspartnerschaft in Kindertageseinrichtungen dargelegt; darüber hinaus erhalten Sie Hintergrundinformationen, die für die Durchführung von Elternkursen hilfreich sind. So werden grundsätzlich die Bedeutung und Rolle von Eltern und deren Möglichkeit, die kindliche Entwicklung positiv zu fördern, beschrieben (Kap. 1.1). Der Begriff der Erziehungskompetenz wird in diesem Zusammenhang analysiert. Kap. 1.3 thematisiert explizit die Erziehungspartnerschaft zwischen Eltern und ErzieherInnen. In Kap. 1.4 wird auf den Begriff der Resilienz und seine Bedeutung im Hinblick auf die Arbeit mit Eltern eingegangen. Anschließend werden in Kap. 1.5 die am weitesten verbreiteten Elternkurse kurz vorgestellt und daraus Qualitätsanforderungen an Elternkurse abgeleitet, um dann in Kap. 1.6 die Grundanforderungen für ressourcenorientierte Elternkurse darzulegen. Nach einer kurzen Einführung in den vorliegenden Elternkurs, wird dann noch auf aktuelle Evaluationsergebnisse hingewiesen.

Der zweite Teil des Bandes besteht aus dem Trainingsmanual. Hier erhalten Sie genaue Hinweise zur Durchführung der einzelnen Einheiten, zu Zielen und dem Material.

Wir danken Dipl. Sozpäd. Michael Wünsche (Fachberater der Kindertagesstätten der Stadt Freiburg) für seine Unterstützung und die Erfindung der Frage: „Warum steckt ein Kind ein Stück Kuchen in den Videorekorder?" (siehe Baustein 2)

Zugunsten einer besseren Lesbarkeit haben wir uns entschieden, überwiegend die weibliche Form zu verwenden, da mehr Frauen in der Frühpädagogik tätig sind. Es sind natürlich jeweils beide Geschlechter angesprochen.

Klaus Fröhlich-Gildhoff, Maike Rönnau, Tina Dörner
Freiburg i. Br., November 2007

Teil I: Grundlagen

1 Theroretische Grundlagen

1.1 Die Bedeutung von Eltern und die Notwendigkeit ihrer Unterstützung

Veränderungen in der Gesellschaft – Verunsicherung bei den Eltern

Die gesellschaftlichen Veränderungen der letzten 30 bis 40 Jahre haben deutliche Auswirkungen auf den Alltag und das Zusammenleben von Familien sowie auf das Aufwachsen von Kindern. Wesentliche Kennzeichen dieser Veränderungen (z. B. Keupp 1997, 2005, 2006; Beck/Beck-Gernsheim 1994; Hurrelmann 2006) sind:

- eine Zunahme der Brüche und Traditionen und damit einhergehend ein Nebeneinanderstehen einer Vielzahl von Werten sowie eine Pluralisierung (Vermehrung) von Lebensstilen. Gesellschaftliche Normen und Orientierungen sind offener geworden; es ist nahezu jede Lebensform erlaubt und auch gesellschaftlich und rechtlich abgesichert. Früher dominierende Systeme, wie etwa die christlichen Werte, verlieren an Bedeutung und stehen teilweise unverbunden neben anderen.
- Gefordert ist allgemein – auch aus ökonomischen Gründen – eine stärkere Individualisierung. Jede(r) soll verantwortlich sein für die Gestaltung des eigenen Lebens, gleichzeitig wird die Verantwortung für entstehende Lebensrisiken stärker auf den Einzelnen oder die Familie übertragen. „Sicherungsmechanismen", die früher von der Gesellschaft zur Verfügung gestellt wurden, sind geringer geworden. Dies betrifft die Absicherung für Gesundheit, für die Altersvorsorge, bei Arbeitslosigkeit etc. Der Einzelne ist gefordert, hier (zusätzlich) Vorsorge zu treffen.
- Weiterhin setzen sich Strukturveränderungen in der Arbeitswelt fort. Es wird eine hohe Flexibilität und auch lebenslanges Lernen gefordert; Arbeitszeiten werden auf breiter Ebene flexibler und es wird eine erhöhte Mobilität verlangt; oft reicht ein Arbeitsverhältnis nicht mehr aus, um den Lebensunterhalt zu sichern; so genannte prekäre (unsichere, kritische) Arbeitsverhältnisse nehmen zu; die Bereiche Arbeit und Freizeit „entgrenzen" sich zunehmend.
- Die Menschen sind von klein auf gezwungen, zum aktiven Gestalter oder zur Gestalterin des eigenen Lebens zu werden, sich die eigene Biografie (ko-kon-

struktiv) aktiv zu erschaffen. Es gilt darum, immer wieder neu auszuwählen und zu entscheiden.

- Es hat sich eine sehr große Vielfalt von Medien und deren Nutzung herausgebildet. Neben einer Vielzahl von Fernsehprogrammen gibt es Computerspiele, Internet, eine große Menge von Zeitschriften und Zeitungen – dies bietet zum einen eine größere Auswahl, zum anderen muss aber auch ausgewählt werden. Nach Walper (2006, 25) sind die Medien darüber hinaus „heimliche Miterzieher" und „beeinflussen die Gestaltung des Familienlebens, konkurrieren mit elterlichen Erziehungsmaßnahmen und ‚ersetzen' sie mitunter."

Diese gesellschaftlichen Veränderungen haben unmittelbare Folgen für das Familienleben:

- Obwohl noch über 80% der Kinder mit ihren leiblichen Eltern aufwachsen, nimmt doch die Zahl der Einelternfamilien zu, und auch die Zahl der Familien, die sich neu zusammensetzen („Patchwork-Familien"), steigt.
- Es gibt weniger Kinder in den Familien. Dies hat unmittelbare Auswirkungen auf die Kindheitserfahrungen: Es gibt weniger unmittelbare soziale Kontakte mit Gleich- oder Ähnlich-Altrigen, weniger Gelegenheiten Auseinandersetzungen einzuüben etc. Eine weitere Folge ist, dass das einzelne Kind mehr im Mittelpunkt mehrerer Generationen steht. Dadurch hat es zwar mehr Beachtung, ist aber auch größerem Druck und verstärkter Kontrolle ausgesetzt.
- Die Vielfalt von Werten, die teilweise scheinbar unverbunden nebeneinander stehen, erhöht das Maß an Offenheit. Zugleich wächst die Unsicherheit darüber, was richtig und falsch (insbesondere in der Kindererziehung) ist. Aufgrund der Tendenz zur vereinzelten Kernfamilie finden sich weniger unmittelbare Hilfen im sozialen Nahbereich. Die Überforderung mit Erziehungsaufgaben, eine Verunsicherung und fehlende Unterstützung zeigte sich auch in einer umfangreichen, repräsentativen Studie von Klann et al. (2000), bei der Eltern nach den Gründen für das Aufsuchen von Beratungsstellen befragt wurden. Bei einer Befragung des Bayerischen Staatsinstituts für Familienforschung im Jahr 2002 gaben nur 13% der Eltern an, dass sie „nie unsicher seien (…) Fast die Hälfte der Eltern überlegen (…) manchmal – und eine kleine Gruppe häufig –, ob sie alles richtig machen, ob sie richtig reagieren, ob sie die richtigen Entscheidungen treffen. Dabei geht es häufig um grundsätzliche Fragen, die unabhängig vom Alter der Kinder auftauchen" (Smolka 2006, 47).
- In Reaktion auf diese Situation ist eine Vielzahl an Ratgebern für Eltern – von der richtigen Erziehung bis zur richtigen Ernährung – entstanden; mittlerweile haben auch die „Erziehungs"Sendungen in den Medien einen sehr hohen Zulauf. Diese Großzahl an – zum Teil auch widersprüchlichen – Empfehlungen trägt nicht automatisch zur Sicherheit von Eltern bei, da sie sich wiederum selbsttätig verorten müssen.

Dies erfordert die Fähigkeit, mit Vielfalt umgehen zu können. Orientierungskompetenz ist hier gefordert: Kinder brauchen für diese Fähigkeit Eltern, die sie dabei einfühlsam und feinfühlig unterstützen: „Die zunehmende Komplexität der Welt bedarf einer entsprechenden Elternschaft und Erziehungsleistung, um die individuelle „Passung" des Kindes an zu rasch wechselnde Bedingungen vorzubereiten" (Resch 2005, 99).

Die dargestellten Bedingungen gelten für alle Gesellschaftsmitglieder. Ein zunehmender Anteil, insbesondere von Kindern, ist zusätzlich besonderen Belastungen ausgesetzt. Fundierte Analysen gehen übereinstimmend davon aus, dass ein Sechstel aller Kinder in Deutschland in Armut aufwächst (z. B. Alt 2006; Olk 2004; BMGS 2005; Statistisches Bundesamt 2006; Züchner 2006). Die Armut wirkt sich aus auf Bildungskarrieren, Wohnsituation, Gesundheit und Freizeitmöglichkeiten. Allerdings kann man nicht von einem automatischen Zusammenhang zwischen Aufwachsen in Armut und Problementwicklung ausgehen.

Auswirkungen auf Kinder

Während die Erziehungs„arbeit" in der komplexer werdenden Welt schwieriger wird, zeigt sich auf der anderen Seite schon bei Kindern im Vorschulalter eine Reihe von Problemen: Als *Schlaglichter* seien in diesem Zusammenhang genannt (eine ausführlichere Darstellung findet sich z. B. bei Fröhlich-Gildhoff 2007):

- Rund 18% der Kinder im Vorschulalter weisen diagnostizierbare Verhaltensauffälligkeiten auf (Ihle/Esser 2002; Lösel et al. 2004; Erhart et al. 2006).
- Aggressives bzw. gewalttätiges Verhalten als durchgängiges Merkmal der Weltbegegnung ist ab dem fünften Lebensjahr stabil (Krahé 2001; Barrett et al. 2003).
- Die Ergebnisse von Einschulungsuntersuchungen zeigen, dass der Anteil von Erstklässlern mit Sprachstörungen bzw. -auffälligkeiten bei durchschnittlich 13% liegt, wobei dieser Prozentsatz bei Kindern aus sozial benachteiligten Familien noch höher ist (Mersmann 1998; Gesundheitsamt der Landeshauptstadt Düsseldorf 2003).
- Der durchschnittliche Fernsehkonsum beträgt bei Kindern im Vorschulalter ca. 70 Minuten, im Grundschulalter sehen die Kinder im Schnitt 1,5 Stunden fern (Feierabend/Klingler 2004). Langzeitstudien zeigen, dass „Vielseher" schlechtere Ausbildungsabschlüsse haben: „Wer im Alter zwischen fünf und fünfzehn Jahren viel fernsieht, erreicht mit sechsundzwanzig ein deutlich geringeres Bildungsniveau als andere – und zwar unabhängig vom IQ und vom Einkommen der Familie" (Spitzer 2005).

■ Der soziale Status beeinflusst die Bildungsfähigkeit, die Bildungsmöglichkeiten und die späteren Schulabschlüsse (z. B. OECD 2001, 2004; Conger et al. 1997; Patterson et al. 1990); 26% aller Kinder aus psychosozial schwer belasteten Familien sind schulunreif oder fallen schon in der ersten Klasse durch, aus Familien ohne solche Belastungen aber nur 8,5% (Laucht et al. 2000).

Die Ursachen für die gestiegenen Problemlagen lassen sich nur durch ein Zusammenwirken aus verschiedenen Faktoren (multifaktoriell) beschreiben; es handelt sich um ein Zusammenspiel aus

■ biologischen Faktoren (z. B. Temperamentsunterschieden von Kindern; Zusammenstellung in Petermann et al. 2004),
■ sozialen Zusammenhängen (v. a. stärker verunsicherte oder überforderte Familien, denen es schwerer fällt, mit den Bedingungen der multioptionalen und pluralisierten Welt umzugehen; Keupp 2006); aber auch die Veränderung von Lebenswelten und sozioökonomischen Bedingungen) sowie
■ psychischen Faktoren (wie z. B. erworbenen Bewältigungsfähigkeiten; zur Komplexität eines bio-psycho-sozialen Modells zur Erklärung der Entstehung von Verhaltensauffälligkeiten siehe Fröhlich-Gildhoff 2007).

In Zusammenhang mit dem Rahmenthema des vorliegenden Buches sollen schwerpunktmäßig noch einmal einige Studienergebnisse zur Bedeutung der sozioökonomischen Rahmenbedingungen referiert werden:

■ Die große Vergleichsstudie „BELLA" (Deutschland) zeigt auf der Grundlage der Untersuchung von 7600 Kindern: 12% der Kinder mit hohem, 17% der Kinder mit mittlerem und 21% der Kinder mit niedrigem sozioökonomischem Status haben seelische Probleme; Kinder mit Migrationshintergrund sind deutlich häufiger betroffen als solche ohne (Erhart et al. 2006, 1227).
■ Ein zentrales Ergebnis der „Mannheimer Risikostudie" ist: „Kinder, die in schwierigen, belasteten Familienverhältnissen aufwachsen, schneiden langfristig sowohl im Bereich kognitiver Leistungsfähigkeit als auch im Bereich sozio-emotionaler Entwicklung deutlich schlechter ab als psychosozial unbelastete Kinder" (Fooken 2005, 48).
■ Die englische Langzeitstudie „National Child Development Study (NCDS)" verfolgte die Entwicklung von 1958 geborenen Personen und belegte die Fortdauer und Verbindung von Benachteiligung über die Lebensspanne (und über Generationen hinweg); das Ausmaß der Armut ist dabei ein zentraler Einflussfaktor (Gregg et al. 1999).
■ Zum Schulstart kann man abhängig vom sozioökonomischen Status deutliche Unterschiede in Sprach- und Ausdrucksfähigkeiten, sozialen Kompetenzen, Fähigkeiten der Emotionsregulation, Leistungsmotivation und kognitiven Entwicklung feststellen (z. B. Smith et al. 1997; Pagani et al. 1997; Duncan/Brooks-Gunn 1997; Walker et al. 1994).

▨ McDonald und Moberg (2002) zeigten, dass Kinder aus Familien mit hohem Stresspotenzial in benachteiligten Umwelten weniger Fähigkeiten erlernen zur erfolgreichen Bewältigung von Anforderungen in Leistungs- und Bildungssituationen.

Sozioökonomische Belastungen stellen also einen bedeutenden Risikofaktor dar – es ist dennoch „ein Trugschluss zu glauben, dass ‚schwieriges Verhalten' von Kindern zwangsläufig mit besonders belasteten Familien (...) im Zusammenhang steht" (Wahl et al. 2006, 39).

Eltern als Schutzfaktor

Nicht jedes Kind entwickelt unter schwierigen Lebensbedingungen Auffälligkeiten oder auch Probleme, andererseits entstehen Probleme auch, wenn beispielsweise gute sozioökonomische Bedingungen vorhanden sind. Eltern haben eine bedeutsame Rolle als Schutz-, aber auch als Risikofaktor für ihre Kinder. Insgesamt geht man von einer Bilanz aus risikoerhöhenden bzw. risikomildernden (Schutz-)Bedingungen aus, wenn es darum geht, für Kinder Entwicklungsprognosen abzugeben oder auch mögliche Fehlanpassungen zu erklären: Entwicklungsergebnisse stellen immer eine Bilanz aus Belastungen und Ressourcen dar.

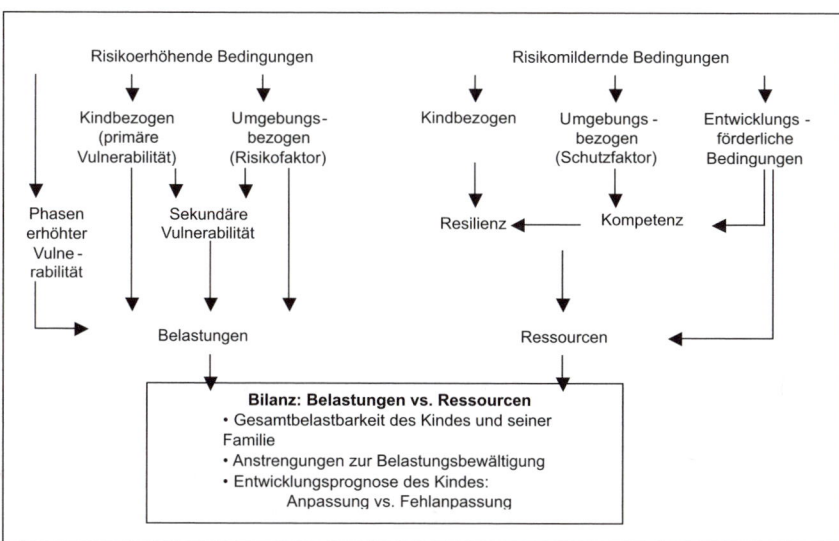

Abb. 1: Zusammenspiel von risikomildernden und risikoerhöhenden Bedingungen (leicht modifiziert aus: Scheithauer/Petermann 2000)

Insgesamt zeigen die vorliegenden Studien, dass „nicht so sehr die Art, als vielmehr die Anzahl respektive das Muster der Risikofaktoren (...) für den Entwicklungsverlauf des Kindes entscheidend (ist)" (Heinrichs et al. 2006a, 83).

Eltern haben schon ab der ersten Lebensminute des Kindes eine große Verantwortung für das Aufwachsen und – so übereinstimmend alle Studien – können in guter Weise entwicklungsförderlich wirken. Die Ergebnisse der Bindungsforschung (z. B. Grossmann/Grossmann 2006; Brisch 1999) zeigen sehr deutlich, dass und wie bereits im ersten Lebensjahr grundsätzliche Weichenstellungen für die Bindungsfähigkeit von Kindern, aber auch deren Fähigkeit zum Erforschen der Welt, gelegt werden. Die jüngste Untersuchung des Deutschen Kinderpanels zeigt sehr deutliche Langzeiteffekte: „Anerkennung und Unterstützung durch die Mutter sowie ein gutes Familienklima tragen zu guten Freundschaftsbeziehungen bei und fördern die soziale und kognitive Aufgeschlossenheit des Kindes" (Traub 2006, 9). Darüber hinaus zeigte sich, dass

„eine gute Eltern-Kind-Beziehung und ein gutes Familienklima [sich] (...) positiv auf das schulische Wohlbefinden [aus-]wirken. Die Resultate des Kinderpanels zeigen: Wenn Eltern sich Zeit für ihre Kinder nehmen, mit ihnen über ihre Erlebnisse und Gefühle sprechen und sie zunehmend an familialen Entscheidungen teilhaben lassen, fördern sie deren Selbstvertrauen. Zuwendung und Halt seitens des Elternhauses ermöglichen es Kindern, sich in der Schule wohlzufühlen" (Krok 2006, 10; siehe auch Gisdakis 2007).

Petermann und Petermann (2006) fassen Ergebnisse verschiedener Studien zu elterlichem Erziehungsverhalten zusammen und kommen zu dem Schluss, dass „mangelnde Erziehungskompetenz" ein „zentrales Entwicklungsrisiko" darstellt: „Das Erziehungsverhalten gilt als einer der am besten untersuchten und aussagekräftigsten Risikofaktoren für die Entwicklung und den Verlauf externalisierender [nach außen gerichteter] Verhaltensstörungen" (Petermann/Petermann 2006, 3). Dabei sind „vor allem zu strenge und strafende Erziehungspraktiken (...) mit aggressiv-oppositionellem Verhalten im Kindergartenalter verknüpft (Frick et al. 1999). Mangelnde elterliche Wärme und ein geringes Einfühlungsvermögen wird vor allem von Eltern aggressiv-oppositioneller Kinder berichtet (Stormshak et al. 2000).

Die Liste von Erkenntnissen über Zusammenhänge zwischen elterlicher Unterstützung, Elternverhalten und kindlicher Entwicklung ließe sich noch lange fortsetzen. Im Folgenden sollen einzelne Aspekte entwicklungsförderlichen Elternverhaltens genauer betrachtet werden.

1.2 Förderliches Elternverhalten, Elternkompetenz, Erziehungsstil

Aus Entwicklungspsychologie, Pädagogik und empirischer Säuglings- und Bindungsforschung liegt mittlerweile ein breites Wissen um Merkmale entwicklungsförderlichen Verhaltens von Eltern und Bezugspersonen vor. Allerdings „liegt bislang keine allgemein akzeptierte Theorie zu inhaltlich bedeutsamen Dimensionen vor. Konsens herrscht in der Literatur lediglich darin, in der Familie die früheste primäre Bezugsgruppe der Kinder zu sehen und ihren wesentlichen Einfluss auf die kindliche Entwicklung anzuerkennen" (Schacht et al. 2007, 136f). Allerdings handelt es sich bei Beziehungsprozessen immer auch um wechselseitige Beeinflussung; die Kinder steuern von der ersten Lebensminute an das Interaktionsverhalten mit den Eltern mit (z. B. Stern 1992, 1995; Dornes 1997). Ein gut untersuchtes Beispiel hierfür ist die gemeinsame Regulation von Erregungs- und Gefühlszuständen:

Nach Petermann und Wiedebusch (2003) findet in der Eltern-Kind-Interaktion „eine gemeinsame Regulation von Gefühlen" statt. Lachmann (2004, 54f) betont besonders das *interaktive* Element der Ko-Regulation: Gemeinsame Regulation bedeutet,

„dass das Verhalten eines jeden Partners das des anderen beeinflusst. Das bedeutet zugleich, dass das Verhalten von A prädiktiv [vorhersagend und beeinflussend] ist für das Verhalten von B und umgekehrt (…) Der Säugling lernt, bestimmte Muster der Selbst- und interaktiven Regulation zu erwarten (Beebe/Lachmann 2002; Stern 1992). (…) Die Erwartung eines optimalen Grades an Nähe und Distanz in den Interaktionen, das Rechnen mit Übergriffen oder die Angst vor ihnen – all das wird interaktiv reguliert."

Papoušek (2004) haben beschrieben, wie das hochsensible Zusammenspiel von Kind und Eltern entweder in einen „Engelskreis" von Ko-Regulation und positiver Gegenseitigkeit oder zu einem sich hochschaukelnden Prozess von Dysregulation und negativer Gegenseitigkeit führen kann.

„Kinder haben auf das Erziehungsverhalten ihrer Eltern erheblichen Einfluss. Möglicherweise benötigen Eltern sogar die Unterstützung ihrer Kinder, um sie angemessen erziehen zu können" (Tschöpe-Scheffler 2006, 283f).

Die Studien zu Dimensionen des elterlichen Erziehungsverhaltens zeigen im Wesentlichen zwei bedeutsame Hauptdimensionen,

„die häufig durch begriffliche Gegensatzpaare charakterisiert werden: eine affektive Dimension mit den Polen Zuwendung (Wärme, Liebe, Fürsorge, Akzeptanz, Wertschätzung) versus Zurückweisung (Ablehnung, Feindseligkeit, Geringschätzung) sowie eine Dimension der Einflussnahme mit den Polen Kontrolle (Lenkung, Bevormundung, Überbehütung) versus Autonomie (Liberalität, Gewährung von Entscheidungsfreiheit). Elterliches Verhalten wird häufig als Position in einem Koordinatenkreuz mit diesen beiden Hauptdimensionen beschrieben, wobei Verhalten, das in dem Quadranten [Viertel] eingeordnet werden kann, der durch Zuwendung bei gleichzeitiger Gewährung von Autonomie gekennzeichnet ist, allgemein als besonders entwicklungsförderlich gilt" (Schacht et al. 2007, 137).

Dabei wirken die Faktoren und ihre Bestandteile vielfältig zusammen. Es handelt sich folglich um ein komplexes Geschehen.

Entwicklungsförderliches Elternverhalten

(1) Ein mittlerweile weit verbreitetes Modell entwicklungsfördernder Erziehung (gegenüber entwicklungshemmender Erziehung) entwickelte Tschöpe-Scheffler (2002, 2006): Sie beschreibt „fünf Säulen", die durch jeweils zwei Pole gekennzeichnet sind.

- emotionale Wärme versus emotionale Kälte bzw. emotionale Überhitzung
- Achtung versus Missachtung
- Kooperation versus Dirigismus
- Verbindlichkeit versus Beliebigkeit
- allseitige Förderung versus mangelnde Förderung, einseitige (Über-)Forderung oder Perfektionismus

„Mithilfe der (…) Strukturelemente können Eltern ihr Verhalten und ihre Einstellung entweder selbst reflektieren oder aber zu entwicklungsförderndem Verhalten angeleitet und unterstützt werden" (Tschöpe-Scheffler 2006, 282).

(2) Ein anderes, aber ähnliches Modell, beschreibt Hurrelmann (2006): das „magische Zieldreieck der Erziehung". Hurrelmann postuliert pragmatisch drei Pole, die im Mittelpunkt konkreten Erziehungshandelns stehen und entsprechend erreicht werden können. Diese Pole sind Anerkennung, Anregung und Anleitung.

„Bei dem Pol Anerkennung geht es um emotionale Zuwendung und Akzeptanz, beim Pol Anregung kommt es darauf an, Kindern positive Rückmeldung zu ihrem erreichten Entwicklungsstand im sozialen Bereich und Leistungsbereich zu geben, zugleich aber auch Impulse für die Weiterentwicklung und Verbesserung des Entwicklungsstandes zu vermitteln (Hurrelmann 2006, 164). Der Pol

Anleitung hat mit klaren Vereinbarungen, Umgangsformen und Regeln zu tun."
(Tschöpe-Scheffler 2006, 282).

(3) Die bisher beschriebenen Kernelemente entwicklungsförderlichen Erziehungsverhaltens entsprechen den Beschreibungen eines „demokratischen Erziehungsstils", wie erstmals von Tausch und Tausch (1998) aufgrund von Untersuchungsergebnissen dargelegt wurde. Eine wichtige Rolle spielt dabei eine „kindzentrierte Kommunikation", also eine Orientierung auf das Kind, das Zeigen von Interesse, das Schenken von Zuwendung und Vertrauen. Im Gegensatz dazu wirken sich „übertriebene Strenge und Kontrolle negativ auf die Entwicklung des Kindes aus" (Geier 2006, 14). Ein wesentliches Element des demokratischen Erziehungsstils ist, dass Kinder in Entscheidungen eingebunden werden und (dosiert) Verantwortung übernehmen dürfen.

In einer Zusammenstellung der Ergebnisse der Forschung zu Erziehungsstilen wird die demokratische oder „autoritative Erziehung" als der Erziehungsstil beschrieben, der die Entwicklung von Kindern grundsätzlich in optimaler Weise fördert.

„Die ‚autoritative Erziehung' (…) ist eine Mischung aus hoher Zuwendung und angemessener Kontrolle (…) Kinder, die autoritativ erzogen werden, haben ein positives Selbstbild, zeigen weniger Problemverhalten als andere, sind seltener depressiv und ängstlich, erzielen bessere Schulleistungen und kommen mit Gleichaltrigen besser aus. Autoritative Erziehung fördert Kinder in einer breiten Palette ihrer Entwicklung, wird jedoch nach wie vor nur von einer Minderheit der Eltern praktiziert" (Walper 2006, 27).

Die besondere Herausforderung besteht darin „in der Erziehung die richtige Balance zwischen den Polen ‚Kontrolle' und ‚Autonomie' [zu] finden"; besonders bedeutsam ist es, die emotionalen Kompetenzen der Kinder zu fühlen und „feinfühlig auch auf deren unangenehmen Gefühle einzugehen" (Walper 2006, 28; insgesamt auch Schneewind 2002).

(4) Die Bindungsforschung (z. B. Grossmann/Grossmann 2006; Brisch 1999) geht davon aus, dass frühe Bindungserfahrungen zu einem „inneren Arbeitsmodell" (*inner working model*) führen, das später die Art und Weise des Bindungsverhaltens des Kindes bestimmt; eine wesentliche Variable für die Entwicklung der Bindungsrepräsentationen ist die „Feinfühligkeit" (Ainsworth et al. 1978) der Bezugspersonen: die Fähigkeit, die Signale des Kindes wahrzunehmen, richtig zu interpretieren sowie prompt und angemessen zu beantworten.

(5) Entsprechend den Erfahrungen, die ein Individuum insbesondere in seinen ersten Lebensjahren macht, „entwickelt es eine Grundüberzeugung

darüber, inwieweit das Leben einen Sinn macht, ob Voraussehbarkeit und Kontrollmöglichkeit besteht, ob es sich lohnt, sich einzusetzen und zu engagieren (...) Diese lebensgeschichtlichen Erfahrungen führen zu bestimmten Erwartungen, in welchem Ausmaß dieses Grundbedürfnis befriedigt wird" (Grawe 1998, 350; siehe auch Rotter 1966). Das Erleben von Kontrolle steht in engem Zusammenhang mit dem Erleben von Selbstwirksamkeit (*self-efficacy*; Bandura 1977, 1995, 1997). Selbstwirksam zu sein heißt, aufgrund bisheriger Erfahrungen auf seine Fähigkeiten und verfügbaren Mittel vertrauen zu können und davon auszugehen, ein bestimmtes Ziel auch durch Überwindung von Hindernissen am Ende tatsächlich erreichen zu können. Die Entstehung von Selbstwirksamkeitserfahrungen wird schon sehr früh durch Erfahrungen des Kindes – insbesondere durch die Interaktion mit den Eltern – gefördert. Regelmäßigkeit, das Vermitteln von Erfolgserlebnissen, angemessene Explorationsmöglichkeiten sind hier förderlich. Das Ausmaß der Selbstwirksamkeitserfahrungen hat nach den Ergebnissen der Kinderpanel-Studie des Deutschen Jugendinstituts einen wesentlichen Einfluss auf die Leistungsmotivation und den Schulerfolg (Geier 2006; Schneider 2007; Ebner 2007).

Auch wenn das reine Wissen über einen „guten" Erziehungsstil weit verbreitet scheint, so zeigt sich doch ein Widerspruch zwischen dem (elterlichen) Anspruch und der (von Kindern wahrgenommenen) Realität: In der Untersuchung des DJI-Kinderpanels wurden Mütter, Väter und Kinder befragt, welcher Erziehungsstil umgesetzt wird. Dabei zeigte sich, dass – entgegen der Selbstsicht der Eltern – aus Kindersicht immerhin 24% der Väter nicht kindzentriert oder wenig kindzentriert mit den Kindern kommunizieren. Häufiger wird auch noch auf körperliche Erziehungsmittel zurückgegriffen: „44% der Mütter und 41% der Väter geben zu, sie hätten ihren Kindern aufgrund von Konflikten mindestens schon einen Klaps gegeben. 14% der Mütter und 13% der Väter gestehen mindestens eine Ohrfeige, 3% der Mütter und 5% der Väter haben nach eigenen Angaben ihre Kinder mindestens schon einmal kräftig geschlagen oder verprügelt" (Wahl et al. 2006, 33).

Erziehungskompetenz

Erziehungskompetenz, also die Fähigkeit entwicklungsförderliches Erziehungsverhalten zu verwirklichen, ist verknüpft mit eigenen biografischen Erfahrungen der Eltern und entsprechend herausgebildeten Persönlichkeitseigenschaften. Dennoch ist diese Haltung und die Bereitschaft und Fähigkeit zum konkreten Handeln erlern- und entwickelbar. Tschöpe-Scheffler (2006, 286) hat „vier Basiskompetenzen" abgeleitet, „die Eltern einerseits benötigen, um entwicklungsfördernd erziehen zu können, und für die sie andererseits ihrer Selbsteinschätzung entsprechend am ehesten Unterstützung und Hilfe brauchten":

- „Vermittlung/Erarbeitung neuer Informationen und Erweiterung vorhandenen Wissens", beispielsweise durch referiertes Expertenwissen, Informationsmaterial und gezielte Gespräche.
- „Erweiterung von Handlungsoptionen": Eltern benötigen konkretere Übungs- und Erfahrungsmöglichkeiten, „um neue und andere Formen der Erziehung und des Zusammenlebens entwickeln zu können (…), Informationen, kritische Auseinandersetzung mit bisherigem Verhalten, Entwicklung und Erprobung von Handlungsalternativen sind zwar unerlässlich, reichen aber nicht aus, wenn der Transfer in den Alltag gelingen soll" (Tschöpe-Scheffler 2006, 286).
- „Ermutigung und Unterstützung zur Selbsterfahrung durch offene, angstfreie Kommunikation": Eltern müssen Gelegenheit haben, sich mit ihren eigenen Zielen und Erziehungserfahrungen auseinanderzusetzen, und sie müssen ihre Erziehungshaltung und deren Wurzeln reflektieren können.
- „Organisatorische und inhaltliche Unterstützung bei der Organisation und dem Aufbau von Netzwerken": Möglichkeiten hierzu sind Erziehungspartnerschaften zwischen Eltern und ErzieherInnen bzw. LehrerInnen, Elternstammtische, stadtteilbezogene Netzwerke etc. (zusammengestellt aus Tschöpe-Scheffler 2006, 286ff).

Nach Petermann und Petermann (2006, 1) basiert „Erziehungskompetenz (…) auf dem Bemühen der Eltern, eine förderliche Familieninteraktion zu ermöglichen, vor allem soll inkonsistentes (widersprüchliches) und strafendes Elternverhalten verhindert werden (…) Erziehungskompetenz dient (…) dazu, eine optimale Passform zwischen den altersgemäßen Bedürfnissen des Kindes und der Gestaltung der kindlichen Umwelt durch die Eltern herzustellen". Petermann und Petermann (2006, 2) beschreiben folgende „Komponenten von Erziehungskompetenz und ihre Merkmale": Beziehungsfähigkeit, Interaktions- und Kommunikationsfähigkeit, Grenzsetzungsfähigkeit, Förderfähigkeit, Vorbildfähigkeit sowie Alltagsmanagementfähigkeit. Auffallend ist hierbei, dass bei diesen sechs Kompetenzen insbesondere strukturgebenden Aspekten eine starke Bedeutung beigemessen wird: „Eine wesentliche Aufgabe von Erziehung besteht darin, Kindern einerseits durch ein positives Vorbild und andererseits durch klare Regeln und verlässliche Absprachen eine Orientierung zu ermöglichen" (Petermann/Petermann 2006, 2) – dieser Ansatz unterscheidet sich von kindzentrierteren oder mehrdimensionalen Sichtweisen, bei denen Zuwendung, Emotionalität aber auch die Partizipation von Kindern eine bedeutende Rolle spielen.

Eltern und Kindertageseinrichtung

Kindertageseinrichtungen sind diejenigen gesellschaftlichen Institutionen, welche Kinder als erste und über längere Zeiträume in ihrer Entwicklung intensiv begleiten; zugleich haben sie dadurch die große Chance, Zugänge zu den Eltern bzw. Familien zu erhalten (z. B. Fthenakis 2003; Fried et al. 2003; Kalicki 2006). Kindertageseinrichtungen bieten einen niedrigschwelligen Zugang zu Eltern. Verschiedene Untersuchungen zur Nutzung familienbildender Angebote zeigen, dass die klassischen, an vielen Familienbildungsstätten angebotenen Kurse, vorrangig von Müttern der Mittelschicht genutzt werden (Smolka 2006, 53f). Hier bietet sich eine Möglichkeit, das so genannte „Präventionsdilemma" (Bauer 2005) – gerade solche Familien, die besondere Unterstützung bei der Erziehung benötigen, werden mit den klassischen Angeboten der Familienbildung nicht erreicht – zu verringern.

Aus Langzeitstudien ist zudem bekannt, dass frühe Interventionen und präventive Angebote die größten Effekte zeigen: „Je früher die schützende Wirkung einer verbesserten elterlichen Erziehungskompetenz einsetzt, desto nachhaltiger sind die Effekte" (Armbruster 2007, 20). In einer Langzeituntersuchung konnten Weikart und Schweinhart (1997) zeigen, dass frühe Interventionen günstige Wirkungen zeigen, die sich auch noch 27 Jahre später nachweisen lassen.

Konsequenzen

Eltern beeinflussen maßgeblich die Entwicklung ihrer Kinder, und es gibt relativ sichere Erkenntnisse darüber, welches Verhalten von Eltern für Kinder entwicklungsförderlich ist. Frühe Interventionen zeigen deutlichere und nachhaltigere Effekte als später einsetzende Hilfen, wenn erste Problemverhaltensweisen aufgetreten sind. Aus diesem Grund ist es sinnvoll, gerade in Kindertageseinrichtungen, die die Eltern früh und in relativ breiter Weise erreichen, die oftmals verunsicherten und teilweise überforderten Eltern zu unterstützen und ihnen entsprechende Angebote zu machen.

1.3 Erziehungspartnerschaft in der Kindertageseinrichtung

In den letzten Jahren wurde unter dem Begriff der „Erziehungspartnerschaft" oder „Bildungspartnerschaft" die Notwendigkeit beschrieben, dass sich Eltern und ErzieherInnen oder LehrerInnen gemeinsam im Interesse der Kinder austauschen und partnerschaftlich die Entwicklung des Kindes fördern. Textor (o. J.) geht sogar von einer „Notgemeinschaft von Eltern und ErzieherInnen" aus. Die Vielfältigkeit sich rasch wandelnder gesellschaftlicher Verhältnisse erfordert es, dass beide wichtigen Bezugssysteme der Kinder eng kooperieren, ihr Handeln und ihre Haltung gegenseitig austauschen und sich gemeinsam im Interesse der Kinder unterstützen. Das Prinzip der Erziehungspartnerschaft hat Eingang gefunden in die unterschiedlichen Bildungspläne der Bundesländer für den Bereich der Kindertageseinrichtungen (Zusammenstellung bei Textor 2006a). Textor (2005, 157f) beschreibt Erziehungs- und Bildungspartnerschaft wie folgt:

„Die Grundhaltung ist hier, dass die Erziehung und Bildung eines Kindes die ‚Co-Produktion' von Eltern, ErzieherInnen, LehrerInnen und dem Kind selbst ist. Daraus ergibt sich die Zusammenarbeit zwischen allen Erwachsenen, basierend auf einem intensiven dialoghaften Informations- und Erfahrungsaustausch. (…) So sollten ErzieherInnen und LehrerInnen selbst mehr familienbildend tätig werden und Eltern darüber informieren, wie gute Lernvoraussetzungen in Familien geschaffen und (Selbst-)Bildungsprozesse der Kinder initiiert und unterstützt werden können (…) Je mehr die Familie als Co-Produzent von Bildung wahrgenommen und je intensiver die Kooperation mit ihr wird, umso mehr müssen ErzieherInnen und LehrerInnen ihre Erziehungs- und Bildungsziele mit den Eltern abstimmen und ihre Bildungsangebote in die Familie hineintragen."

ErzieherInnen sind nach den (Ehe-)Partnerinnen für die Eltern die wichtigsten Ansprechpersonen bei Erziehungsfragen, wie die Studie von Fröhlich-Gildhoff et al. (2006) zeigte; sie sind wichtiger als Kinderärzte oder andere Verwandte. Besondere Wünsche nach Unterstützung zeigten sich bei Fragen hinsichtlich der Entwicklung des Kindes, bei der Erziehung oder auch beim Betrachten möglicher Verhaltensauffälligkeiten (Befragung von 1147 Eltern). Eine ähnlich hohe Bedeutung der LehrerInnen und ErzieherInnen zeigte sich in der Elternbefragung des Instituts für Familienforschung aus dem Jahr 2002 (Smolka 2006).

Eine weitere wichtige Erkenntnis der breiten Studie von Fröhlich-Gildhoff et al. (2005, 2006) war, dass es für eine erfolgreiche Zusammenarbeit zwischen Eltern und ErzieherInnen nötig ist, dass sich die Haltung der ErzieherInnen gegenüber den Eltern ändert:

„Dort wo Konkurrenz bestand, Berührungsängste den wechselseitigen Umgang prägten und/oder vorrangig die Defizite der Erziehungsberechtigten gesehen wurden, gelang es durch ein verändertes und gestärktes Selbstverständnis der Fachkräfte den Blick vom einzelnen Kind zur gesamten Familie zu weiten. Die ErzieherInnen sahen, dass sie als Professionelle auf die Eltern zugehen und sich an deren Stärken und Interessen orientieren sollten. Dabei ist es wichtig, die je einzelne Familie mit ihren Ressourcen aber auch Problemen in den Blick zu nehmen" (Fröhlich-Gildhoff et al. 2006, 14).

Die Studie konnte eine „Wirkungskette zur Gestaltung einer erfolgreichen Zusammenarbeit zwischen Eltern und ErzieherInnen" nachweisen. An deren Ausgangspunkt steht die (Team-)Weiterbildung der ErzieherInnen sowie die Entwicklung eines Leitbildes und eines Konzepts. Die damit beginnende Haltungsänderung ist gekennzeichnet durch eine Blickänderung vom Kind zur Familie, das aktive Zugehen auf die Eltern und das Orientieren an den Stärken und Interessen der Eltern. Auf dieser Grundlage können dann Methoden und Angebote etabliert werden, die spezifisch auf die Situation in der Einrichtung und in erster Linie auf die Bedarfe der unterschiedlichen Elterngruppen zugeschnitten sein müssen. Beides, Haltungsänderung wie Methoden, führen zu einer stärkeren Öffnung der Eltern und damit zu einem sich wechselseitig positiv verstärkenden Kreislauf der partnerschaftlichen Zusammenarbeit.

Textor (2006b) gibt einen umfassenden Überblick über die Vielfalt der Formen und Angebote in der Zusammenarbeit mit den Eltern. Sie reichen von ersten Elternkontakten (Aufnahmegespräch, erste Hausbesuche bei der Aufnahme) über die Zusammenarbeit zu Beginn des Kindergartenjahres im Rahmen der Einführungsphase bis hin zu den wichtigen Tür- und Angelgesprächen aber auch darüber hinausgehenden Angeboten wie Elterncafé oder etwa Elternabenden. Eine besondere Bedeutung haben die Entwicklungsgespräche auf der Basis vorhergehender dokumentierter Beobachtungen, die den zentralen Anknüpfungspunkt der Kooperation darstellen. Daneben können Elternsprechstunden und die bereits angeführten Gruppenangebote für Eltern sowie gezieltere Maßnahmen der Elternbildung (z. B. Elternkurse) angeboten werden. Diese Angebote sollten auf der Basis von Bedarfserhebungen und gezielten Analysen erfolgen und möglicherweise hinsichtlich der verschiedenen Elterngruppen differenziert werden: „Die Eltern" als homogene Gruppe gibt es nicht! Es hat sich bewährt, dass sich Einrichtungsteams auch auf Etablierung von eher wenigen Arbeitsschwerpunkten konzentrieren und diese dann entsprechend realisieren. Für spezifische Zielgruppen, beispielsweise die Einbindung von Vätern oder von Eltern mit Migrationshintergrund, müssen dann weitere spezifische Konzepte entwickelt werden.

Konsequenz

Erziehungspartnerschaft zwischen pädagogischen Fachkräften und Eltern gestaltet sich nicht von selbst. Sie bedarf als Grundlage einer offenen Haltung der Fachkräfte, die sich mit sich, ihren Elternbildern und bisherigen Zugangsweisen selbstkritisch auseinandersetzen und darauf aufbauend die spezifischen Bedarfe der Eltern in einer Kindertageseinrichtung analysieren müssen. Auf dieser Grundlage können dann unterschiedliche Angebote, wie zum Beispiel auch Elternkurse, etabliert werden. Nicht alle Eltern sind mit allen Angeboten zu erreichen; die Vielfalt der Eltern erfordert Kreativität und Vielfalt der Zugangsmethoden.

1.4 Resilienz für Eltern und Kinder

Wechsel der Blickrichtung

In den letzten Jahren hat sich in Entwicklungspsychologie und -pathologie wie in den Gesundheitswissenschaften ein Wechsel der Blickrichtung vollzogen: Die ForscherInnen richten ihre Aufmerksamkeit zunehmend auf Schutz- und Risikofaktoren für die kindliche Entwicklung. Die bisherige defizitorientierte Betrachtung – vor allem zur Erklärung der Entstehung seelischer Erkrankungen oder Verhaltensauffälligkeiten – wurde durch die gezieltere Analyse von Schutzfaktoren und Variablen ergänzt, die zur Ausbildung und Erhaltung seelischer Gesundheit wesentlich beitragen. Ein wichtiger Hintergrund hierfür waren Studien, die das Aufwachsen unter schwierigen Bedingungen auch im Langzeitverlauf untersucht haben und Variablen für risikomildernde Entwicklungsverläufe identifizieren konnten; eine Zusammenstellung dieser Studien, der Kauai - Längsschnittsstudie (Werner 2007), der Mannheimer Risikokinderstudie (z. B. Laucht et al. 2000) oder der Bielefelder Invulnerabilitätsstudie (Bender/Lösel 1997, 1998) findet sich bei Wustmann 2004, 86ff). Hiervon ausgehend hat sich ein Wechsel der Sichtweisen vollzogen:

- Nicht nur die störungsverursachenden, sondern auch die gesundheiterhaltenden Faktoren werden betrachtet. Es hat ein Wechsel von der Pathogenese [Krankheitseintstehung] zur Salutogenese [„Gesundheitsentstehung"] stattgefunden.
- Nicht nur die Defizite, sondern auch die Ressourcen und Kompetenzen zur Bewältigung (von Belastungen) werden eingehend betrachtet.
- Neben den Risiko- finden insbesondere die Schutzfaktoren besondere Beachtung.

Definition und Entwicklung von „Resilienz"

Die Fähigkeit von Individuen, erfolgreich mit belastenden Lebensereignissen umzugehen wird als Resilienz bezeichnet: „Resilienz meint eine psychische Widerstandsfähigkeit von Kindern gegenüber biologischen, psychologischen und psychosozialen Entwicklungsrisiken" (Wustmann 2004, 18). Resilienz umfasst damit „nicht nur die Abwesenheit psychischer Störungen, sondern den Erwerb altersangemessener Fähigkeiten (Kompetenzen) vor dem Hintergrund der normalen kindlichen Entwicklung, zum Beispiel Bewältigung altersrelevanter Entwicklungsaufgaben trotz aversiver Umstände" (Petermann et al. 2004, 344). Die Resilienzforschung betrachtet nach Wustmann (2004, 19) im Wesentlichen drei zentrale Aspekte:

- die positive gesunde Entwicklung trotz andauerndem hohen Risikostatus
- die beständige Kompetenz unter akuten Stressbedingungen
- die positive bzw. schnelle Erholung von traumatischen Erlebnissen

Es geht also darum, dass es Kindern (und später Erwachsenen) gelingt, mit konkreten belastenden Ereignissen umzugehen, aber auch, die Entwicklungsaufgaben in verschiedenen Lebensabschnitten (z.B. Schmidtchen 2001; Havighurst 1982) angemessen zu bewältigen.

Die positive Bewältigung von Krisen, Belastungen und Entwicklungsaufgaben – eine besondere Bedeutung haben hier Übergänge, zum Beispiel von der Familie in den Kindergarten oder vom Kindergarten in die Schule – wirkt sich positiv auf die weitere Entwicklung aus:

„Die Bewältigung einer Entwicklungsaufgabe stellt eine entscheidende Basis dar, wie nachfolgende, spätere Aufgaben gemeistert werden. Im Verlauf dieses Prozesses erwirbt das Kind Fähigkeiten und Kompetenzen, die es für eine positive Entwicklung benötigt. Eine erfolgreiche Bewältigung impliziert [beinhaltet] eine Weiterentwicklung bzw. persönliches Wachstum und beeinflusst damit die Kontinuität von Anpassung bzw. Fehlanpassung im Entwicklungsverlauf. Das heißt: Wird eine altersspezifische Entwicklungsaufgabe erfolgreich bewältigt, stabilisiert sich die Persönlichkeit des Kindes und es lernt, Veränderungen und Stresssituationen als Herausforderung zu begreifen. Ist dies nicht der Fall, ist mit einer Stagnation, mit Entwicklungsdefiziten oder gar psychischen Fehlentwicklungen oder somatischen Erkrankungen zu rechnen" (Butollo und Gavranidou in: Wustmann 2004, 20; siehe auch Petermann et al. 2004, 339ff).

Resilienz ist keine angeborene Persönlichkeitseigenschaft, sondern wird im Verlauf des Lebens entwickelt; von besonderer Bedeutung sind dabei die frühen Lebensjahre. Die Resilienzforschung zeigt, dass es sich um eine dynamische Eigenschaft handelt. Das Kind wird als aktiver „Bewältiger" und (Mit-)Gestalter seines Lebens gesehen; die Fähigkeit der seelischen Widerstandskraft entwickelt sich aus der Interaktion mit den Bezugspersonen und realen positiven Bewältigungserfahrungen. Es handelt sich bei „Resilienz um eine dynamische Kapazität (...), die sich über die Zeit im Kontext der Mensch- und Umweltinteraktion entwickelt" (Petermann et al. 2004, 345).

Dem Resilienzkonzept liegt also das Bild von einem (selbst-)aktiven Kind zugrunde; dieses Bild deckt sich mit den Ergebnissen der empirischen Säuglingsforschung (Dornes 1995, 1997) und Entwicklungswissenschaften (Petermann et al. 2004).

Für die Entwicklung der Resilienz ist es offensichtlich wichtig, dass Kinder immer wieder die Erfahrungen machen, dass sie Aufgaben und Anforderungen erfolgreich bewältigen müssen. Das Ausmaß der Belastungen beziehungsweise Stressoren muss dabei moderat [mäßig bzw. gestuft angepasst] sein, damit entsprechende Bewältigungsfähigkeiten und -strategien entwickelt werden können. Zu geringer Stress bzw. fehlende Anforderungen führen andererseits dazu, dass die Resilienzfähigkeit nicht ausreichend entwickelt wird.

Risiko- und Schutzfaktoren

Aus den verschiedenen Studien haben sich relativ übereinstimmend risikoerhöhende bzw. risikomildernde Faktoren für die kindliche Entwicklung identifizieren lassen, die allerdings zueinander in komplexen Wechselwirkungen stehen. Empirisch konnten folgende wesentliche protektive Faktoren identifiziert werden, die die Widerstandskraft von Kindern gegenüber Belastungen stärken und die Bewältigungsfähigkeit von Krisensituationen verbessern (hierzu insgesamt: Petermann et al. 2004; Opp/Fingerle 2007; Werner 2007; Dornes 2000; Wustmann 2003, 2004; Frick 2003):

- mindestens eine stabile emotionale Beziehung zu einer primären Bezugsperson (das ist im Optimalfall ein Elternteil, allerdings können auch andere Personen aus dem Umfeld, wie etwa Großeltern, andere nahe Verwandte, aber auch professionelle Fachkräfte, wie ErzieherInnen, diese Funktion erfüllen)
- Bindungsfähigkeit und die Realisierung „feinfühligen" Verhaltens durch die Bezugspersonen, um sicheres Bindungsverhalten zeigen zu können
- emotional warmes, offenes, aber auch klar strukturierendes Erziehungsverhalten der Bezugspersonen (eine besonders positive Bedeutung hat hier der autoritative bzw. demokratische Erziehungsstil, s. o.)
- soziale Unterstützung außerhalb der Familie
- soziale Modelle, die angemessenes Bewältigungsverhalten in Krisensituationen zeigen, Kinder ansprechen und ermutigen
- frühe Möglichkeiten, Selbstwirksamkeitserfahrungen machen zu können, und so entsprechend positive Kontrollerwartungen bzw. -überzeugungen herauszubilden
- damit verbunden: Selbstvertrauen, positiver Selbstwert und positives Selbstkonzept
- dosierte soziale Verantwortlichkeit
- kognitive Kompetenzen, die angemessen angeregt werden müssen
- Selbststeuerungs- bzw. Selbstregulationsfähigkeiten, die mit Unterstützung durch Bezugspersonen (vor allem bei der Affektregulation) herausgebildet werden
- Fantasie

- damit verbunden ist allgemeiner das Erfahren und das Erleben eines Sinns und einer Bedeutung der eigenen Existenz; hier kann Glaube eine wichtige Bedeutung haben
- gute oder zumindest sichere sozioökonomische Bedingungen

Aus den Ergebnissen der Langzeitstudien lassen sich folgende personale Resilienzfaktoren identifizieren, die Kinder grundsätzlich „stark" machen:

- angemessene Problemlösefähigkeit
- positive Selbstwirksamkeit
- positives Selbstkonzept bzw. Selbstvertrauen
- angemessene Selbstwahrnehmung
- Fähigkeit zur Selbstregulation bzw. Selbststeuerung
- internale Kontrollüberzeugungen
- hohe soziale Kompetenz, damit verbunden auch die Fähigkeit, sich Unterstützung von anderen Menschen zu holen
- proaktives [vorausschauendes] und flexibles Handeln in Stresssituationen
- sicheres Bindungsverhalten
- optimistische Lebenseinstellung
- körperliche Gesundheitsressourcen (Zusammenstellung bei Wustmann 2004; Petermann et al. 2004; differenzierte Beschreibung bei Fröhlich-Gildhoff et al. 2007a).

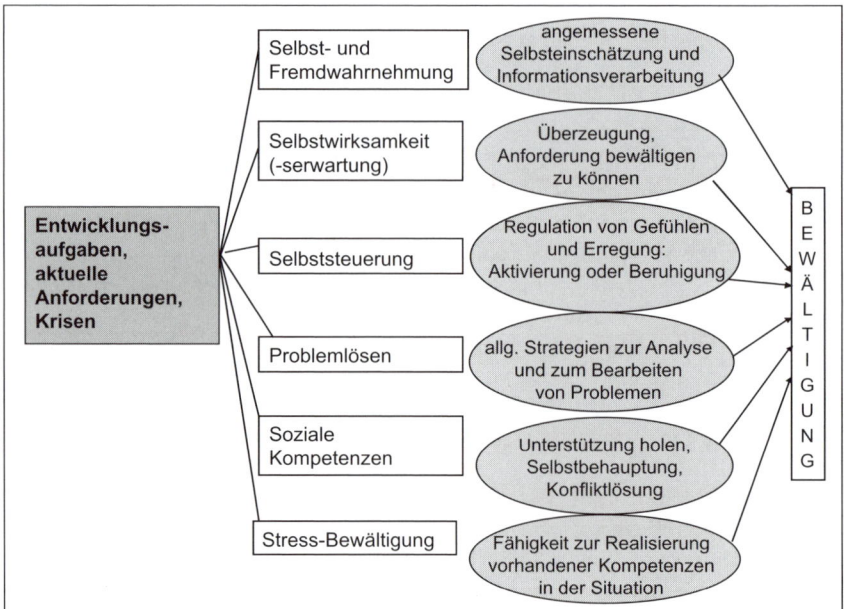

Abb. 2: Bewältigung von Entwicklungsaufgaben mithilfe der Resilienzfaktoren

Die Fähigkeit, Krisen zu bewältigen und mit Belastungen umzugehen, entwickelt sich also lebenslang. Dies bedeutet, dass auch bei Erwachsenen die Resilienz gestärkt werden kann, wenn entsprechende damit verbundene Faktoren (s. o.) gezielt gestärkt werden. Das Erziehen von Kindern stellt eine – sich immer wieder neu herstellende – Anforderung und nicht selten Belastung dar. Oftmals ist dies mit deutlicher Verunsicherung verbunden (siehe Kap. 1.1) – die Stärkung elterlicher Resilienz kann auf diese Weise Erziehungskompetenz stärken und zugleich die Eltern für die Förderung der Resilienz bei ihren Kindern sensibilisieren.

Aus der Psychotherapieforschung ist die hohe Bedeutung der Aktivierung der Ressourcen der KlientInnen und PatientInnen für ein gutes Therapieergebnis bekannt (z. B. Grawe 1998; Grawe/Grawe-Gerber 1999). Durch das Ansprechen von Stärken, Interessen und erlebter (Erziehungs-) Erfolge gelingt nicht nur ein besserer Beziehungsaufbau. Diese Ressourcenaktivierung verschiebt auch die Blickrichtung hin zu einer größeren (Selbst-)Sicherheit.

Konsequenz

Ein Elternkurs sollte das mittlerweile empirisch gut abgesicherte Konzept der Resilienz(-förderung) aufgreifen und auf diese Weise auch die Fähigkeit von Eltern zu einer besseren Bewältigung von Belastungen stärken. Ebenso bedeutsam ist es, die vorhandenen Fähigkeiten und Ressourcen der Eltern gezielt zu aktivieren.

1.5 Elternkurse – Formen und Qualitätsanforderungen

Mittlerweile gibt es eine Vielzahl von Programmen, die das Ziel haben, Eltern in ihrer Erziehungs- und Beziehungsfähigkeit zu stärken, um Fehlentwicklungen bei den Kindern zu verhindern oder die Erziehungskompetenzen der Eltern zu verbessern (Zusammenstellungen bei Warnke et al. 2001; Heinrichs et al. 2002; Tschöpe-Scheffler 2003, 2006).

Grundsätzlich lassen sich zwei Kurstypen unterscheiden: Der erste Kurstyp ist allgemein-präventiv ausgerichtet und will Eltern folglich allgemein in ihrer Kompetenz stärken sowie ein besseres Zusammenleben von Kindern und Eltern ermöglichen. Der zweite Kurstyp ist konzipiert für Eltern, deren Kinder spezifische Auffälligkeiten zeigen.

Tab 1: Vergleich der am meisten verbreiteten Elternkurse (zusammengestellt aus: Tschöpe-Scheffler 2004, 9–13; leicht modifiziert aus: Fröhlich-Gildhoff 2007).

	Menschenbild	Struktur	Weiterführende Hinweise
Triple P (Positive Parenting Program)	Lerntheorie, Verhaltenstherapie; hohe Bedeutung von klaren Regeln und Konsequenzen	Unterschiedliche „levels" der Intervention – von „Elternselbsthilfe" bis zur Elternbegleitung im Alltag. I.d.R. vier Treffen (je zwei Stunden), anschließend vier telefonische Beratungen	Markie-Dadds, C. et al. (2002). Das Triple P Elternarbeitsbuch. Der Ratgeber zur positiven Erziehung mit praktischen Übungen *http://www.TRIPLEP.de/html*
Familientraining	humanistsiches Menschenbild (Streben nach Selbstverwirklichung); Umsetzung eines kooperativen Erziehungsstils; Suche nach partnerschaftlichen Lösungen	mind. 30 Std., verteilt auf mehrere Abende, bzw. Wochenenden	Gordon, T. (2002). Familienkonferenz Gordon, T. (1993). Die neue Familienkonferenz *http://www.gordonmodell.de/html*

	Menschenbild	Struktur	Weiterführende Hinweise
Kess (kooperativ, ermutigend, sozial, situations-orientiert)	humanistisches Menschenbild; hohe Bedeutung hat das Bedürfnis nach Zugehörigkeit; der elterliche Blick soll auf die Stärken des Kindes gelenkt werden; kooperativer Erziehungsstil	5 Treffen (je 2 – 3 Std.), Fortsetzungskurse werden angeboten	Horst,C. et al. (2003). Kess erziehen – Elternhandbuch *http://www.akf-bonn.de/Kess.html*
STEP (Systematic Training for Effective Parenting)	optimistische, zukunftsorientierte Grundhaltung; der Mensch als soziales Wesen braucht das Gefühl der Zugehörigkeit; Kinder brauchen Achtung und Respekt; sie sollen Einfluss nehmen dürfen und auf demokratische Weise in Entscheidungsprozesse miteinbezogen sein	10 Treffen (je 2 Std.)	Dinkmeyer, D. C. (2004): STEP – Das Elternhandbuch, die ersten 6 Jahre *http://www.instep-online.de*
Starke Eltern – starke Kinder	humanistsiches Menschenbild (Streben nach Selbstverwirklichung und Beziehungsgleichgewichten); der Erziehungsstil soll demokratisch, konsequent sein (autoritativ, nicht autoritär!) und ohne Gewalt und Strafen auskommen	20 – 30 Kursstunden, verteilt über 10 bis 12 Treffen	Honkanen-Schoberth, P. (2003): Starke Kinder brauchen starke Eltern. Der Elternkurs des Deutschen Kinderschutzbundes *http://www.starkeeltern-starkekinder.de/*

Allgemein-präventiv ausgerichtete Kurse

Allgemein-präventiv ausgerichtete Kurse haben in der Regel primärpräventiven Charakter: Es geht folglich um die konkrete Veränderung elterlicher Haltungen bzw. die „Verbesserung" elterlichen Verhaltens – bevor Auffälligkeiten bei den Kindern entstanden sind.

Eine Übersicht und kritische Würdigung dieser Kurse findet sich bei Tschöpe-Scheffler (2003, 2006; weitere Zusammenstellungen und kritische Betrachtungen bei Kalicki 2006; Wahl/Sann 2006; Behn 2006). Die folgende Zusammenstellung der wichtigsten und am meisten verbreiteten Programme ist einem Beitrag von Tschöpe-Scheffler (2004) entnommen (siehe Tab. 1).

Die verschiedenen Elternkurse sind unterschiedlich gut evaluiert (z. B. Heinrichs et al. 2006a; Grimm/Mackowiak 2006). Insgesamt zeigt sich dabei, dass solche Kurse, die praktische Übungselemente beinhalten, die besten Effekte zeigen (Grimm/Mackowiak 2006; Plück et al. 2000).

Kurse für Eltern von Kindern bzw. Jugendlichen mit Verhaltensauffälligkeiten

Beispiele für solche Elternprogramme, wenn Kinder bzw. Jugendliche bereits spezifische Auffälligkeiten zeigen, sind:

- Elterntraining als Programmbestandteil des Therapieprogramms für Kinder mit hyperkinetischem und oppositionellem Problemverhalten (THOP; Döpfner et al. 2002)
- Präventionsprogramm für Expansives Problemverhalten (PEP; Hanisch et al. 2006)
- Kompetenztraining für Eltern sozial auffälliger Schüler (KES; Lauth/Heubeck 2005)
- Prävention von Problemen des Sozialverhaltens im Vorschulalter. Eltern- und Kindertraining (EFFEKT; Lösel et al. 2006)
- Psychoedukation für Eltern in der Behandlung essgestörter Jugendlicher (Hagenah/Vloet 2005)

Kurse für „schwer erreichbare" Eltern

Eine Schwierigkeit besteht oft darin, so genannte „bildungsferne" Eltern oder Eltern mit Migrationshintergrund mit Kursangeboten oder „Elterntrainings" zu erreichen (z. B. Bauer/Bittlingmayer 2005; Heinrichs et al. 2006b; Wahl et al. 2006). Hier muss die Niedrigschwelligkeit noch einmal verbessert werden, die Eltern müssen sehr gezielt angesprochen und zur

Teilnahme aufgefordert, nichtsprachliche Kursinhalte sollten verstärkt werden. Generell müssen auch Ängste und Vorbehalte überwunden werden. „Ein Teil der stark problembelasteten Familien betrachtet Unterstützungsangebote (…) generell skeptisch. (…) Gerade diese Eltern [fühlen sich] oft ohnmächtig und ‚am Ende'" (Wahl et al. 2006, 41). Letztlich haben diese Familien Probleme, sich (staatlichen) Hilfsangeboten zu öffnen. Diese Familien greifen oft auf sehr konkrete Erziehungsratschläge, auch auf populäre Erziehungsratgeber wie „Super Nanny" im Fernsehen zurück.

Gute Erfahrungen wurden in Projekten gemacht, bei denen muttersprachliche Eltern in Eigenregie – mit fachlicher Begleitung – Kurse für Menschen aus dem gleichen Kulturkreis angeboten haben (Fröhlich-Gildhoff et al. 2005; HIPPY-Projekt: Kiefl 1996; Rucksack-Projekt: Springer 2006; Wahl/Sann 2006).

Qualitätsanforderungen an Elternkurse

Aus empirischen Untersuchungen, aber auch aus Erfahrungen mit bisherigen Elternkursen, haben verschiedene AutorInnen Qualitätsanforderungen an Elternkurse abgeleitet. Diese sind im Folgenden dargestellt; sie dienen als „Prüffolie" und Orientierung für den vorliegenden Elternkurs. Tschöpe-Scheffler (2006; 288–293) stellt zehn konkrete „Qualitätsanfragen an Elternkurskonzepte":

(1) „Frage nach der Transparenz der theoretischen Grundlagen des Kurses": die Bezugstheorie muss bereits im Programm transparent gemacht werden

(2) „Frage nach empirischen Wirksamkeitsstudien": als Kriterien werden hier angelegt: „veränderte Haltung durch Elternverhalten, die Interaktion zwischen Eltern und Kind, das veränderte Verhalten des Kindes"

(3) „Frage nach wirksamen Methoden und Inhalten zur Erweiterung und Veränderung von Alltagskonzepten der Eltern": hierzu zählt die Autorin zentrale Elemente, wie Möglichkeiten zur Selbsterkenntnis und Selbsterfahrung, Informationsvermittlung, neue Erfahrungen und auch praktische Übungen sowie Vorbilder (KursleiterInnen, andere Eltern)

(4) „Frage danach, wie positive Selbstwirksamkeitserwartungen und die Erziehungsautorität gefördert werden": „Positive Selbstwerterfahrungen und Kontrollüberzeugungen der Eltern stellen wesentliche Elemente der Erziehungskompetenz dar und wirken sich auf die Selbstwerterfahrung von Kindern positiv aus."

(5) „Frage nach Empowerment-Ansätzen [Aktivierung und Beteiligung] des Konzeptes": hier betont die Autorin ebenfalls besonders die Bedeutung der Ressourcenorientierung und der Ermutigung sowie die Möglichkeit, über praktische Übungen neue Erfahrungen zu sammeln

(6) „Frage nach der Subjektstellung des Kindes": hier wird auf die Bedeutung der UN-Konventionen und die Würde des Kindes Bezug genommen
(7) „Frage nach der Ausbildung der Kursleiterinnen und Kursleiter"
(8) „Frage nach der Niedrigschwelligkeit und den Kosten der Angebote": die Niedrigschwelligkeit betrifft die Methoden, aber auch räumliche und strukturelle Elemente; besonders wichtig ist nach Tschöpe-Scheffler der Lebensweltbezug aber auch die Integration in vorhandene Institutionen (z. B. die Kindertageseinrichtung)
(9) „Frage nach Unterstützung von Netzwerken und Nachbarschaftshilfen – Lebensraumorientierung"
(10) „Frage nach zusätzlichen Angeboten außerhalb der Kurszeiten"

Auf einer *inhaltlichen Ebene* werden Beurteilungskriterien, zum Beispiel von Behn (2006) – in Anlehnung an eine Zusammenstellung der Bundeskonferenz für Erziehungsberatung (BKE 2006) –, formuliert:

▦ Anerkennung von Kind und Eltern als jeweils eigene Personen
▦ Berücksichtigung des Beziehungsklimas in der Familie
▦ Berücksichtigung grundlegender Bedingungen der psychischen Entwicklung des Kindes
▦ das Elternbild des Programmes (Behn 2006, 480)

Adler (2006, 93) beschreibt folgende „Konzeptionselemente" von Elterntrainings:

▦ Vermittlung psychologischer Theorien
▦ symptomorientierte Übungsanleitung
▦ konkretes Erarbeiten von konkreten Problemlösestrategien

Eltern müssen wieder erleben, „dass sie Situationen in einer positiven Weise handhaben können und ihr Handlungsspielraum sowie ihre Problemlösefähigkeit erweitert [werden]" (Adler 2006, 93).

Wahl und Sann (2006, 151f) formulieren ebenfalls „Kriterien für kompetente Angebote der Eltern- und Familienbildung". Dabei sind wichtige Kategorien bzw. Fragen:

▦ Auf welche Phase im Lebenszyklus von Familien zielt das Programm ab?
▦ Auf welche Lebenslagen von Eltern bzw. Risiken für Kinder zielt das Programm ab?
▦ An welchen Merkmalen setzt Prävention bzw. Intervention an?
▦ Welche Inhalte soll das Programm vermitteln? (Hier werden explizit die Themen Selbsterfahrung bzw. Reflexion der Elternrolle, Wissensvermittlung,

Einstellungsveränderung bzw. Vertrauen in eigene Wirksamkeit, Erweiterung von Handlungsoptionen und Netzwerkbau genannt.)
- An welchen Orten wird das Programm angeboten?
- Erzielt das Programm die angestrebten, nachhaltigen Wirkungen? (Hier folgt ein Plädoyer für Evaluation.)

Aus empirischen Studien ergaben sich folgende Faktoren, die zu positiven Effekten der Kurse führen; Walper (2006, 30) referiert Befunde von Metaanalysen für Elternprogramme:

„Hohe Effektstärken erzielen jene Programme, die

- frühzeitig ansetzen, wenn die Kinder noch klein sind und mögliche Probleme in der Eltern-Kind-Interaktion sich noch nicht verfestigt haben,
- professionelles Personal haben,
- den Austausch von Eltern in einer Gruppe anbieten, statt sich nur auf Hausbesuche zu beschränken und
- ein eigenes Angebot auch für Kinder anbieten."

Petermann und Petermann (2006, 6) zitieren eine Übersicht von Schneewind (2005), die zeigt, „dass Programme zur Förderung von Erziehungskompetenz dann besonders effektiv waren, wenn

- die Programme von professionellem Personal geleitet wurden,
- sie in Elterngruppen durchgeführt wurden,
- die Eltern von anderen Eltern unterstützt wurden,
- auch auf der Kindebene interveniert wurde, v.a. dann, wenn dies frühzeitig geschah, und
- das Kinderprogramm auch eine Komponente zur Selbstentwicklung der Eltern enthielt."

1.6 Grundanforderungen für einen ressourcenorientierten Elternkurs in der Kindertageseinrichtung

Aus den bisherigen Ausführungen lassen sich (zusammenfassend) Grundanforderungen für einen Elternkurs ableiten; diese Grundanforderungen waren handlungsleitend für die Konzeption des vorliegenden Elternkurses.

Rahmenbedingungen

Die *theoretischen Grundlagen* sollen transparent beschrieben werden und das zugrunde liegende Elternbild muss erkennbar sein – der Elternkurs basiert auf einem humanistischen Menschenbild: Menschen besitzen die grundlegende Fähigkeit zur Selbstentwicklung; in einem sicheren Rahmen sind sie bereit und willens, sich mit sich auseinanderzusetzen, hinzuzulernen und sich zu verändern. Gezielte Unterstützung in der „Zone ihrer nächsten Entwicklung" führt zu neuen Fähigkeiten, mithin zu einem entwicklungsförderlicheren Erziehungsverhalten. Im Kurs werden – als besonderer Schwerpunkt – die Erkenntnisse der Resilienzforschung umgesetzt.

Die *Gruppe* der Eltern stellt einen unterstützenden Rahmen für die Entwicklung der Gruppenmitglieder dar. Sie soll Unterstützung gewährleisten; die einzelnen Eltern sollen und können die Erfahrung machen, dass sie mit ihren Fragen und Problemen nicht allein da stehen.

Das Kursangebot muss *niedrigschwellig* organisiert sein und einen Bezug zur Lebenswelt der TeilnehmerInnen haben. Die Kindertageseinrichtungen erfüllen diese Voraussetzung – sie sind optimale Orte, um Elternkurse anzubieten. Die Kosten sollten minimal gehalten werden.

Die *KursleiterInnen* müssen eine *professionelle* (pädagogische oder psychologische) Grundausbildung haben; sie müssen über ausreichendes Wissen über kindliche Entwicklung, die Dynamiken in Familien und über pädagogische Konzepte verfügen. Sie müssen darüber hinaus Erfahrungen in der Leitung von Gruppen haben. Auf dieser Grundlage können die spezifischen Bestandteile des Kurses relativ problemlos realisiert werden. Es soll hierzu keine lange Zusatzausbildung nötig sein.

Eine *Verzahnung* mit anderen Angeboten, insbesondere solchen für die Kinder, ist sinnvoll – es gibt ein entsprechendes Kursangebot auch für Kinder (Fröhlich-Gildhoff et al. 2007a).

Der Kurs soll *evaluiert* und die Wirksamkeit soll systematisch erfasst worden sein. Die Wirkung soll darüber hinaus kontinuierlich überprüft werden.

Ziele

Der Kurs soll das grundlegende Ziel haben, dass sich *Eltern sicherer* in ihrer Erziehungshaltung fühlen können und somit entwicklungsförderlicher den Alltag mit und die Beziehungen zu ihren Kindern gestalten können.

Dazu ist es wichtig, den *Selbstwert* und direkter das *Selbstwirksamkeitserleben* der Eltern zu stärken. Nur wenn die Eltern das Gefühl haben, (wieder) handlungsfähig zu sein, ihren Alltag kontrollieren zu können, können sie auch ihren Kindern Sicherheit vermitteln.

Zum (Wieder-)Gewinnen oder zum Verbessern der eigenen Sicherheit gehört es auch, sich mit den Quellen der eigenen Unsicherheit auseinanderzusetzen; dazu soll die Bereitschaft und Fähigkeit zur *Selbstreflexion* gestärkt werden.

Die *Lebenszufriedenheit* der Eltern soll erhöht werden; hierzu gehört auch, sich mit der eigenen Rolle als Eltern (und gegebenenfalls als Paar) auseinanderzusetzen.

Die *Ressourcen* der Eltern sollen aktiviert und gestärkt werden. Dies bedeutet, dass der Kurs an den vorhandenen Stärken ansetzen muss, und diese zunächst den Eltern bewusst gemacht werden muss.

Die Fähigkeit zur Bewältigung von Krisen und Belastungen (*Resilienz*) soll gestärkt werden. Dazu müssen die personalen Resilienzfaktoren, wie etwa eine genaue und angemessene Selbst- und Fremdwahrnehmung, Problemanalyse- und -lösefähigkeiten oder Stressbewältigungskompetenzen gezielt gefördert werden.

Die Bildung von *Netzwerken*, insbesondere unter den Eltern, soll gezielt gefördert werden: Die Eltern sollen die Erfahrung machen können, dass andere Menschen zur Unterstützung hilfreich sein können.

Haltung der KursleiterInnen

Die Haltung muss grundlegend von *Akzeptanz und Wertschätzung* gegenüber den Eltern gekennzeichnet sein – dies betrifft auch deren bisweilen dysfunktionalen Erziehungsbemühungen.

Es ist konsequent darauf zu achten, dass die *Stärken* der KursteilnehmerInnen gesehen und immer wieder hervorgehoben werden; dies erfordert Übung und Training (es fällt allerdings manchmal schwer, diese zu erkennen).

Weiterhin ist die *Empathie* mit den Eltern, ihren Lebensbezügen und Lebensbewegungen ein unabdingbarer Bestandteil der Grundhaltung. Dazu zählt vor allem, sich in die Sorgen und Schwierigkeiten einzufühlen, diese zu verstehen und zugleich den Blick für die selbst gestellten Fallen, einseitigen Wahrnehmungen, nicht umgesetzten Vorhaben nicht zu verlieren.

Es ist bedeutsam, eine *systemische Sichtweise* von Zusammenhängen zu zeigen, um so immer wieder Wechselwirkungen, insbesondere in (Eltern-Kind-)Beziehungsprozessen, erkennen und beschreiben zu können.

Die *Gruppe* soll als Modell für ein hilfreiches, unterstützendes *Klima* dienen; ein solches Klima muss aktiv immer wieder hergestellt werden (ohne dass dabei das konstruktive Austragen von Konflikten „vergessen" wird).

Es sollen konkrete Hilfen zur Problemlösung erarbeitet werden – dabei sind die Eltern immer die maßgeblichen GestalterInnen. Dies bedeutet, dass die Eltern nicht „dominiert" werden sollten; auch sollten ihnen keinesfalls schnelle Lösungen oder Ratschläge angeboten werden. Es müssen immer die jeweiligen individuellen Lösungspotenziale herausgearbeitet und zu deren Realisierung ermutigt werden.

Nicht zuletzt sind die KursleiterInnen *Vorbilder*: Ihr Verhalten kann (und sollte) als Modell für eine entwicklungsförderliche Beziehungsgestaltung dienen.

Methoden

Die wichtigsten methodischen Elemente sind:

- Informationsvermittlung (über Entwicklung, Wirkung und Wechselseitigkeit von Verhalten; diese Informationen sind auf die Themen der Eltern, aber auch auf das Alter der Kinder zu beziehen) durch Kurz-Inputs der KursleiterInnen, geeignete Texte, Filme etc.
- Möglichkeiten zur Selbstreflexion und Selbstauseinandersetzung durch gezielte Übungen, Reflexion von „Hausaufgaben", Raum zum Darstellen von einzelnen (Problem-)Situationen (die Bedürfnisse und jeweiligen Themen der Eltern haben eine zentrale Bedeutung) etc.
- praktische Übungen, auch zum Erarbeiten und Ausprobieren von Problemlösestrategien (z. B. bei Konflikten mit den Kindern); hilfreich ist eine ganz konkrete Orientierung am Erziehungs- und Lebensalltag und „Hausaufgaben", die dann „nachbereitet" werden.
- Wechsel unterschiedlichster Arbeitsformen (Einzelarbeit, Dyaden-Arbeit, Kleingruppe, Plenum, Vortrag etc.).

2 Der Elternkurs in Kürze

2.1 Kurzbeschreibung

Der vorliegende Elternkurs stellt die Ressourcen der Eltern in den Mittelpunkt und stellt zugleich Bezüge zur Förderung der Resilienzfähigkeit der Kinder her. Das Programm stellt damit eine Weiterführung der bekannten Kurse (siehe Kap. 1.4) dar. Man kann Elternkurse anhand ihrer Grundorientierung auf einer Dimension „humanistische Ausrichtung" versus „verhaltenstherapeutische Ausrichtung" einordnen – der Elternkurs versucht, beide Aspekte miteinander zu verbinden: eine humanistische Grundorientierung mit konkreten, verhaltensnahen Aspekten.

Der Kurs ist spezifisch für den Einsatz in Kindertageseinrichtungen konzipiert worden, da hier die Eltern niedrigschwellig, frühzeitig und „in der Breite" erreicht werden können.

Es ist sinnvoll das Programm mit Fortbildungen für ErzieherInnen und mit Kinderkursen zur Resilienzförderung zu kombinieren (Fröhlich-Gildhoff et al. 2007a; Fröhlich-Gildhoff et al. 2007b). Allerdings kann der Kurs auch als eigenständiges Elternbildungsangebot in Kindertagesstätten umgesetzt werden. Der Elternkurs umfasst sechs Einheiten zu verschiedenen Themen:

■ Kennenlernen und Gruppenfindung; entwicklungsförderliche Faktoren
■ Kindliches Verhalten, Entwicklung und Beobachtung
■ (Über-)Leben als Eltern
■ Miteinander Leben I: Konflikte und Lösungen
■ Miteinander Leben II: konstruktive Beschäftigungen
■ Wie stärke ich mein Kind?; Auswertung

Der Kurs kann sechs Wochen lang durchgeführt werden und einmal in der Woche stattfinden. Eine Einheit dauert dann rund 90 Minuten. Es ist auch möglich, Einheiten „zusammenzuziehen" und etwa drei halbtägige Veranstaltungen auf der Grundlage des vorliegenden Konzepts durchzuführen.

Teilnehmen können bis zu zehn Eltern, weniger als fünf sollten es aber auch nicht sein, damit ein anregender Austausch gewährleistet ist. Die Ziele dieser Kurseinheiten sind:

- Die Eltern sollen eine Gelegenheit zum Austausch und zum Besprechen wichtiger Erziehungsfragen bekommen.
- Sie sollen auf diese Weise selbst gestärkt und unterstützt werden.
- Die Blickrichtung der Eltern soll von den Schwächen oder Fehlern der Kinder auf deren Stärken gelenkt werden.
- Die Eltern sollen Informationen zu kindlicher Entwicklung und entwicklungsförderlichem Erziehungshandeln erhalten.
- Sie sollen (wieder) Spaß und Freude an der Beziehung und Erziehung von ihren Kindern gewinnen.

2.2 Rahmenbedingungen und Bedeutung des Manuals

Die Haltung der KursleiterInnen

Der Elternkurs ist eine von vielen Möglichkeiten, mit Eltern eine Erziehungspartnerschaft aufzubauen. Diese Partnerschaft bildet somit den Hintergrund für die Ausgestaltung des Kurses.

Es geht nicht darum, den Eltern Patentrezepte und Ratschläge mit auf den Weg zu geben, sondern ihnen die Möglichkeit zu geben, sich auszutauschen und Denkanstöße für eine ressourcenorientierte und resilienzförderliche Erziehung zu geben. Wenn sie dabei Lösungen für ihre alltäglichen Probleme finden, ist das ein positiver Nebeneffekt, aber nicht der Hauptanlass für einen Elternkurs. Dies wird aber zunächst der Anspruch der Eltern sein. Es ist deshalb wichtig ihnen zu signalisieren, dass man ihre Probleme und Fragen ernst nimmt und sich auch mit ihnen gemeinsam damit beschäftigen wird. Es muss gleichzeitig klar werden, dass es nicht für jede/n *die* Lösung gibt und vielleicht erst mehrere Dinge ausprobiert werden müssen, bis sich etwas klärt.

Entscheidend ist, dass die KursleiterInnen den Eltern mit Einfühlungsvermögen, Verständnis und Respekt begegnen und ihre Art, den Alltag zu gestalten, nicht bewerten oder verurteilen. Die dadurch entstehende Atmosphäre ermöglicht es, die Eltern zu unterstützen, auf ihre eigenen Stärken zu vertrauen, neue Wege auszuprobieren und gemeinsam mit den ErzieherInnen den besten Weg für das Kind zu finden.

Die Erreichbarkeit von Eltern

Der aufwändigste Teil des Elternkurses findet vor dem eigentlichen Kurs statt: Die Eltern müssen für einen Kurs gewonnen werden.

Der beste Weg, um Eltern zu erreichen, ist in erster Linie die persönliche Ansprache. Die Eltern müssen gezielt und *mehrmals* angesprochen werden,

Handzettel oder Aushänge reichen alleine nicht aus. Dabei stellt es eine besondere Herausforderung dar, Eltern zu motivieren, die als besonders „schwer erreichbar" gelten (siehe Kap. 1.5).

Für den ersten Elternkurs sollte man nicht gleich den Anspruch haben, diese Zielgruppe zu erreichen. Es hat sich gezeigt, dass es leichter ist, wenn erst die „motivierten" Eltern teilnehmen und diese dann wiederum die anderen Eltern ansprechen und ihnen von dem Kurs erzählen. Um möglichst viele Eltern erreichen zu können, sollten vorab die günstigsten Zeiten ermittelt werden (vormittags, nachmittags und abends). Sehr hilfreich ist es auch, parallel Kinderbetreuung anzubieten.

Dadurch, dass der Kurs in der Einrichtung selbst stattfindet und von den Eltern bekannten Personen durchgeführt wird, fallen zudem Hemmschwellen weg, mit denen etwa Beratungsstellen zu kämpfen haben. Die Eltern müssen so nicht einen ihnen fremden Ort aufsuchen und sich einer fremden Person anvertrauen; dies wurde immer wieder als positive Rückmeldung in der Kursevaluation angegeben. Für manche Eltern kann es allerdings eine Hilfe sein, sich gerade von einer fremden Fachkraft Unterstützung zu holen. Dies sollte natürlich respektiert und auch gewürdigt werden.

Der Ablauf

Die sechs 90-minütigen Einheiten der Elternkurse haben jeweils ein bestimmtes Thema, das zur inhaltlichen Strukturierung dient. Das Manual des Kurses dient somit als „roter Faden", als Orientierung, jedoch nicht als „zwanghafte" Vorgabe für den Ablauf. So sollte von den KursleiterInnen insbesondere darauf geachtet werden, dass individuelle Anliegen einzelner Eltern immer wieder angesprochen und bearbeitet werden können. Nur dadurch kann auf die jeweilige Interessenlage der Gruppe und den „Stand" des Gruppenprozesses eingegangen werden. Die Kursinhalte müssen also an die jeweilige Gruppe, deren Dynamik und Bedürfnisse angepasst werden. Aus der Psychotherapieforschung ist bekannt, dass Manuale nur einen Rahmen darstellen können – gute Effekte entstehen durch die flexible (An-)Passung an die jeweiligen Zielgruppen (z. B. Lambert 2004; spezifisch: Beutler et al. 2004, 246f).

Die spezifischen Anliegen der Eltern können auf Flipchart oder Pinnwand festgehalten und so für alle Anwesenden sichtbar gemacht werden. Die Bedeutung der einzelnen Anliegen wird auf diese Weise betont und es kann dann mit allen gemeinsam vereinbart werden, wann das jeweilige Anliegen besprochen werden soll. So haben die Eltern das Gefühl, ihre Fragen werden nicht vergessen. Dies eignet sich besonders in der anfänglichen „Blitzlichtrunde", wenn jede/r nur kurz seine Befindlichkeit und Anliegen für die jeweilige Kurseinheit schildern soll und ein Elternteil bereits zu ausführlich von sich zu erzählen beginnt.

Wichtige methodische Elemente sind:

- „Blitzlichtrunden" zu Beginn, um die Stimmung und Anliegen der TeilnehmerInnen zu erfassen (Störungen bzw. besondere Einzelfragen oder Probleme haben „Vorrang")
- Einzel- und Partnerübungen, Plenumsdiskussionen
- Rollenspiele, „Übungseinheiten"
- Kurzreferate seitens der KursleiterInnen, die gegebenenfalls durch weitere Medien (Filme) unterstützt werden
- schriftliches Material („Handouts"), das die Eltern zu jedem Thema erhalten, um die Inhalte noch einmal zu vertiefen
- „Hausaufgaben", die zwischen den wöchentlichen Sitzungen „bearbeitet" und dann immer besprochen werden.

Grundlegend für die Durchführung ist die ständige Einbeziehung der Eltern und ihre aktive Teilnahme. Die Aufgabe der KursleiterInnen ist mehr eine moderierende. Es ist darauf zu achten, dass alle Eltern gehört werden und niemand verurteilt oder beleidigt wird. Nach jedem Thema sind kurze Zusammenfassungen und das Anbieten weiterführender Denkanstöße sinnvoll und hilfreich. Natürlich kann man nicht alle Meinungen stehenlassen, wie etwa „Empfehlungen" zu gewalttätigen Erziehungspraktiken. Hier ist es wichtig, klar Position zu beziehen. Aber auch dabei gilt es, niemanden öffentlich zu verurteilen, sondern herauszufinden, warum die betreffende Person auf diese Weise reagiert. In der Regel sind die Eltern mit ihrem Verhalten genauso unglücklich und eher bereit es zu ändern, wenn sie spüren, dass zwar ihr Verhalten nicht gebilligt wird, dadurch aber nicht ihre Person an sich infrage gestellt wird.

Wird bei einem Elternteil deutlich, dass seine/ihre Probleme schwerwiegender sind und eine intensivere Beratung benötigt wird, sollte ihm/ihr entweder ein Einzelgespräch angeboten oder die Weiterleitung an eine entsprechende Beratungsstelle empfohlen werden. Möglicherweise ist hier eine Vermittlung oder Begleitung notwendig. Als KursleiterIn ist man nicht dafür verantwortlich, jedes Problem zu lösen oder eine intensive Beratung anzubieten. Der Elternkurs ist kein Therapieersatz! Den Eltern hilft es oft schon, wenn man ihnen Stellen nennt, an die sie sich wenden können oder wenn man sie dorthin begleitet.

2.3 Evaluation

Der Elternkurs wurde im Rahmen des Praxisforschungsprojekts „Kinder Stärken! – Resilienzförderung in der Kindertagesstätte" (z. B. Fröhlich-Gildhoff et al. 2007b) innerhalb von zwei Jahren kontinuierlich evaluiert.

Ziel der Evaluation des Elternkurses war es, den Verlauf des Kurses zu dokumentieren und Aussagen über mögliche Effekte treffen zu können. Das Evaluationsdesign beinhaltete demnach Instrumente zur Prozess- und Ergebnisevaluation und enthielt sowohl quantitative als auch qualitative Elemente.

Zum einen füllten die Trainerinnen nach jeder Elternkurseinheit Protokollbögen aus, in denen sie qualitativ und quantitativ die Beteiligung, die Zusammenarbeit sowie die Atmosphäre beurteilten, ob die Inhalte von den Eltern angenommen wurden und inwieweit das vorgegebene Manual eingehalten werden konnte.

Zum anderen füllten die Eltern nach Ende jedes durchgeführten Elternkurses anonym einen Evaluationsbogen aus, um den Kurs und ihre Erfahrungen zu bewerten. Dieser Bogen enthielt neben der statistischen Erfassung der Person (Alter, Geschlecht, Anzahl der Kinder) insgesamt 16 Fragen, unter anderem zu den Themen Motivation für die Teilnahme, wahrgenommene Elternrolle vor und nach dem Kurs, Wahrnehmung des Kindes, Atmosphäre im Kurs, praktische Anregungen, Zusammenarbeit mit den anderen Eltern, Beurteilung des Kurses etc.

Des Weiteren wurde mit einer Stichprobe von zufällig ausgewählten Eltern vertiefende, leitfadengestützte Interviews geführt.

Stichprobe

Es wurden 13 Elternkurse in vier Kindertagesstätten mit insgesamt 97 Eltern durchgeführt; 73 Eltern füllten am Ende den freiwilligen Evaluationsfragebogen aus und mit 12 zufällig ausgewählten Eltern wurden Interviews durchgeführt.

Zwei Kitas lagen im ländlichen Raum (Breisgau-Hochschwarzwald), zwei in der Stadt Freiburg.

Die TeilnehmerInnen waren zu 93% Mütter; das Alter der TeilnehmerInnen lag durchschnittlich bei 36 Jahren. In den beiden ländlichen Einrichtungen waren tendenziell eher die jüngeren Eltern vertreten. Mehr als die Hälfte der teilnehmenden Eltern hatten zwei Kinder.

Ergebnisse

Elternfragebogen:

Als *Motivation* zur Teilnahme an einem Elternkurs nannten die Eltern in erster Linie Tipps und Anregungen für den Alltag und in Erziehungsfragen (N=33). Außerdem wünschten sie sich Beratung im Umgang mit Konfliktsituationen und suchten den Austausch mit anderen (N=15). Einige äußerten auch, aus Neugierde und mit wenig Erwartung zum Kurs gegangen zu sein (N=12).

Weiterhin wurden die Eltern gefragt, ob sie *praktische Anregungen* aus dem Kurs mitnehmen konnten; 94,5% der Eltern bejahten dies. Von 53 Nennungen gaben 19 Eltern an, ihr Kind und Situationen bewusster wahrzunehmen; 15 Eltern haben praktische Anregungen für Konfliktsituationen bekommen und 10 Eltern ist bewusst geworden, dass sie ihr Kind mehr loben wollen. 86,6% der Eltern beschrieben seit dem Kurs konkrete *Veränderungen:* So gaben beispielsweise 22 Eltern an, dass sie seit dem Elternkurs ruhiger und gelassener seien und eine bewusstere Wahrnehmung haben. Die Hälfte der Eltern konnte nach dem Elternkurs ihre *eigenen Bedürfnisse* besser wahrnehmen (52,9%).

Außerdem wurden die Eltern gefragt, wie *sicher* sie sich auf einer Skala von 1 bis 6 (1=sicher, 6=nicht sicher) vor und nach dem Kurs in ihrer Rolle als Eltern fühlen.

Vor dem Kurs fühlten sich 34% der Eltern sicher in ihrer Elternrolle, nach dem Kurs waren es 65%, die dies angaben.

Im Laufe des Kurses nahmen 94% der Eltern ihre Kinder anders wahr (42% antworteten mit „ja", 52,2% mit „teilweise"). Zum einen deshalb, weil sie Situationen nun aus verschiedenen Perspektiven betrachteten und die Dinge positiver bewerteten bzw. nicht nur die Fehler sahen. 65,7% der Eltern beschrieben, dass sich die *Beziehung zu ihrem Kind* seit dem Elternkurs verändert hat (z. B. ist die Beziehung offener und intensiver geworden). Der Kurs ermutigte 62,9% der Eltern, in Zukunft mit anderen Eltern mehr in *Kontakt* zu treten.

Die Atmosphäre bzw. Stimmung während des Elternkurses wurde von 75,7% als „sehr gut" und von 24,3% als „gut" bezeichnet. Keine/r gab an, dass die Atmosphäre ihm „weniger gut" oder „schlecht" gefallen hat.

Die Eltern wurden danach befragt, ob ihre *Erwartungen* an den Kurs erfüllt wurden; 89,4% bejahten dies und 10,6% antworteten mit „teilweise". Bei niemandem wurden die Erwartungen nicht erfüllt. Kernaussagen von Eltern am Ende der Kurse waren:

- „Es ist gut zu wissen, dass es anderen genauso geht."
- „Ich habe gesehen, dass ich ja doch viele Dinge ‚richtig' mache!"

▪ „Ich sehe mittlerweile wieder viel mehr Stärken bei meinem Kind."
▪ „Der Kurs hat gutgetan, vielen Dank!"

Protokollbogen:

Der Prozess wurde anhand von Beobachtungsbögen kontinuierlich durch die Elternkursleiterinnen dokumentiert. Die Beteiligung und Zusammenarbeit der Eltern wurde von den Trainerinnen in 66,2% der Stunden als „sehr gut" angegeben, in 31,2% als „gut" und nur in 1,3% als „weniger gut".

In den Protokollen wurde deutlich, dass die Einheiten durch eine hohe Offenheit der Eltern und viel Vertrauen geprägt waren. Zusätzlich herrschte ein sehr respektvoller und wertschätzender Umgang mit viel Toleranz, Verständnis und Solidarität der Eltern untereinander. Die Stimmung war oft „locker", es wurde viel gelacht und die Eltern freuten sich auf die Einheiten.

Die Inhalte des Kurses wurden von den Eltern nach Einschätzung der Trainerinnen in 56% der Einheiten sehr gut angenommen und in 42% der Einheiten wurde zumindest ein Großteil der Inhalte von den Eltern akzeptiert. Themen, die von den Eltern sehr oft eingebracht wurden, betrafen vor allem Geschwisterstreitigkeiten, Essen, Schlafen, Unterschiede von Jungen und Mädchen, Eingreifen bei Meinungsverschiedenheiten, Konsequenzen und Provokationen.

Rückblickend erzählten die Eltern in Folgeeinheiten sehr häufig, dass sie einiges aus der vorangegangenen Einheit umsetzen konnten bzw. dass sich Situationen zu Hause und im Alltag verändert haben (z. B. das Kind verhält sich „plötzlich" anders bzw. besser, Konflikte können besser gelöst werden, Eltern können sich besser Freiräume schaffen, vieles wird entspannter angegangen).

Interviews:

Alle 12 Eltern, die interviewt wurden, beurteilten den Elternkurs sehr positiv. Er sei hilfreich für konkrete Anliegen gewesen, die in Gesprächen bearbeitet werden konnten und für die man gemeinsam eine Lösung finden konnte.

Die befragten Eltern gaben an, sich in Bezug auf die Erziehung ihrer Kinder gelassener zu fühlen und sich weniger Druck zu machen. Die Möglichkeit des Austausches mit anderen Eltern hätte dazu viel beigetragen.

Wichtig war auch nicht nur der Bereich Kindererziehung, sondern auch, dass die Eltern zumindest in einer Stunde mit ihren Bedürfnissen wahrgenommen wurden, d. h. sie sich auch wieder bewusst geworden sind, welche anderen Rollen sie noch haben außer der Elternrolle.

Der Kontakt zu anderen Eltern hat sich bei einigen TeilnehmerInnen durch den Kurs intensiviert, zum Teil wurden auch neue Kontakte geknüpft. Die TeilnehmerInnen eines Kurses trafen sich nach Ende des Kurses sogar weiterhin zu einem Stammtisch.

Aber auch der Grundgedanke des Projekts – mehr auf die Stärken und Ressourcen der Kinder zu achten und diese zu nutzen – konnte den Eltern in dem Kurs transparent gemacht werden.

Zusammenfassend kann festgehalten werden, dass die Elternkurse verschiedene Zielgruppen erreichen konnten. Entscheidend dafür war der Zugang. Es war wichtig, sich an den Bedürfnissen der Eltern zu orientieren und dementsprechend auch das Manual flexibel zu handhaben.

Generell kann festgestellt werden, dass die Eltern umso besser erreicht wurden, je offener das Klima für eine Kooperation mit Eltern in den beteiligten Kindertageseinrichtungen war. Mit den Elternkursen konnten zunächst die „engagierten" Eltern erreicht werden. Mit dem zeitlich flexiblen Anbieten der Kurse (vormittags oder auch später Abend) und persönlicher Ansprache der Eltern gelang es dann im Laufe der Zeit auch, einen größeren Teil zur Teilnahme zu bewegen. Die Kurse wurden von den Eltern ausnahmslos als positiv bewertet. Sie nutzten den Rahmen, um alltägliche Konflikte oder auch größere Probleme zu besprechen und sich dabei auch Unterstützung von anderen Eltern zu holen. Es wurde als sehr entlastend erlebt zu sehen, dass „andere Eltern auch Probleme haben" (Elternzitat). Das Grobkonzept mit sechs Einheiten bewährte sich grundsätzlich, allerdings wurden in fast allen Kursen „Nachtreffen" gewünscht und vereinbart, um Entwicklungen nach einem längeren Zeitraum (z. B. zwölf Wochen) zu reflektieren und aufzugreifen.

Dennoch gab es – wie häufig in diesem Bereich – eine Gruppe von Eltern, die sich (noch) nicht zur Teilnahme an den Kursen bereit erklärt hatte bzw. mit dem Angebot nicht erreicht werden konnte. Dieses Problem zeigt sich allerdings auch in anderen Analysen und Studien (z. B. Bauer/Bittlingmayer 2005; Heinrichs et al. 2006b).

1. Einheit: Was kann Kindern helfen, sich gesund zu entwickeln?

1. Begrüßung mit Vorstellung der Kursleiterinnen und des Ablaufs der ersten Einheit
2. Partnerinnen-Interviews und gegenseitige Vorstellung der Kursteilnehmerinnen
3. Plenum: Vorstellen des Grundgedankens, der Kursinhalte und Erklärung der Schweigepflicht
4. Einzelarbeit und anschließendes Plenum: Was gelingt als Eltern? Stärken- und Ressourcenorientierung
5. Gruppenarbeit und anschließendes Plenum: Was brauchen Kinder, um sich gesund zu entwickeln?
6. Plenum: Zusammenfassung und Theorie-Input über gesunde Entwicklung
7. Übung für zu Hause
8. Abschlussrunde

Ziele:

- gegenseitiges Kennenlernen
- eine gute Atmosphäre herstellen
- Erwartungen und Befürchtungen der Teilnehmerinnen an den Kurs erfahren und darauf eingehen
- den Teilnehmerinnen den Grundgedanken des Kurses und die Bedeutung der Schweigepflicht vermitteln
- Änderung bzw. Lenkung der Sichtweise der Teilnehmerinnen auf die Stärken
- klären, was mit „Resilienz" gemeint ist
- Eltern in ihrem Kompetenzgefühl stärken
- Vorfreude und Neugier der Teilnehmerinnen für die nächsten Einheiten wecken

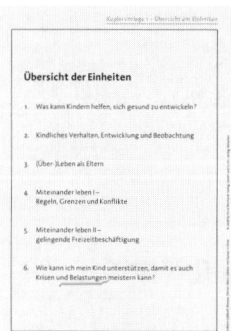

Kopiervorlage 1 – Übersicht der Einheiten

Setting:

- Die Teilnehmerinnen und Kursleiterinnen sitzen in einem Stuhlkreis.
- Ein Plakat mit der Übersicht über die Einheiten hängt für alle gut sichtbar an einer Wand (o. ä.; siehe Kopiervorlage 1).
- Flipchart-Papier für Notizen und Anmerkungen sollte ebenfalls so aufgehängt bzw. aufgestellt werden, dass es alle Teilnehmerinnen gut sehen können.
- Eventuell können für die Teilnehmerinnen Getränke bereitgestellt werden.

Material:

- Stühle für den Stuhlkreis
- Plakat mit der Übersicht über alle Einheiten (hinter jeder Einheit das entsprechende Datum; siehe Kopiervorlage 1)
- Flipchart-Papier
- Tafelschreiber (um auf das Flipchart-Papier zu schreiben)
- Karteikarten
- Stifte bzw. Kugelschreiber
- Handout zur ersten Einheit (siehe Anhang, S. 95
- gegebenenfalls Mappe zum Abheften für die Handouts zu den Einheiten (pro Teilnehmerin eine)
- Smiley-Kärtchen (siehe Kopiervorlage 2)
- Hausaufgabenzettel (siehe Kopiervorlage 3)
- eventuell Getränke und Dekoration für die Mitte des Stuhlkreises

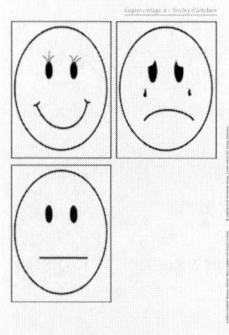

Kopiervorlage 2a–c – Smiley-Kärtchen

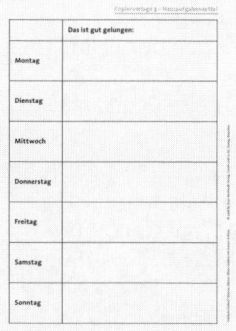

Kopiervorlage 3 – Hausaufgabenzettel

Praktische Durchführung

Vorbemerkung

Die Teilnehmerinnen kommen in der Regel mit sehr unterschiedlichen Erwartungen: Einige haben sich schon lange auf den Kurs gefreut und sind sehr neugierig, andere sind möglicherweise nervös und angespannt, was sie jetzt erwartet, wieder andere kommen mit sehr vielen Fragen und möchten diese gerne sofort loswerden, während andere sich vielleicht vorgenommen haben, sich nicht „ausfragen" zu lassen. Einige haben auch gar keine konkreten Vorstellungen und warten einfach einmal ab.

Darum gilt es, diese erste Einheit dazu zu nutzen, zunächst „nur" eine gute Atmosphäre in der Gruppe zu schaffen, ohne dabei jedoch sofort „tief" einzusteigen. Das bedeutet, dass nach Möglichkeit in dieser ersten Einheit auch noch keine konkreten innerfamiliären Konflikte oder Probleme besprochen werden sollten, sondern diese, wenn sie genannt werden, auf einem Flipchart-Papier festzuhalten und mit Zustimmung der Teilnehmerinnen in einer der Folgeeinheiten aufzugreifen. Dies schafft die Möglichkeit einer gute „Arbeitsgrundlage" für die Folgeeinheiten und die Eltern haben trotzdem das Gefühl, ihr Anliegen wurde nicht vergessen.

1. Begrüßung mit Vorstellung der Kursleiterinnen und des Ablaufs der ersten Einheit

Die Kursleiterinnen heißen alle Eltern willkommen und stellen sich im Anschluss kurz vor. Dazu können neben dem Namen in Kürze der berufliche Hintergrund und die Einbettung in die Einrichtung genannt werden. Privates (Alter, Familienstand, eigene Kinder) gehört nicht automatisch in diese Vorstellung. Dies kann, je nach Ermessen der Kursleiterinnen, zusätzlich genannt werden. *Aus Erfahrungsberichten von Kursleiterinnen geht hervor, dass es für den Verlauf und die Durchführung des Kurses unerheblich ist, in welchem Alter die Leiterinnen sind und ob diese selbst Kinder haben oder nicht. Haben beispielsweise die Leiterinnen keine Kinder und werden von den Teilnehmerinnen danach gefragt, so können sie diese Frage sachlich verneinen und ergänzend hinzufügen, dass die Teilnehmerinnen die Expertinnen für ihre Kinder sind, sie als Kursleitung hingegen ergänzend aus den Bereichen Theorie und Ideenfindung etwas beisteuern können. Zusammen in dieser Kombination entsteht die Möglichkeit und Chance, vieles vielleicht noch einmal von einer anderen Seite zu betrachten oder anzugehen.* Dabei spielt die wertschätzende und einfühlende Haltung der Leiterinnen eine wesentliche Rolle (siehe Kap. 2.2).

Anschließend wird der Ablauf der ersten Einheit vorgestellt mit einem gegenseitigen Kennenlernen und dem Vorstellen des Themas gelingende Erziehung und gesunde Entwicklung von Kindern. An dieser Stelle ist diese kurze Ausführung des Ablaufs ausreichend.

2. *Partnerinnen-Interviews und gegenseitige Vorstellung der Kursteilneh-merinnen*

Die Kursteilnehmerinnen sollen sich in Zweierpaarungen zusammenfinden. In dieser Paaraufgabe „interviewen" sich die jeweiligen Partnerinnen gegenseitig: Gegenstand des Interviews ist die Erfragung des Namens und des Alters der Partnerin sowie die Anzahl und das Alter der Kinder. Außerdem sollen sich die Partnerinnen gegenseitig noch nach den Erwartungen und den Befürchtungen in Bezug auf den Kurs befragen.

Dabei interviewt zunächst die eine Partnerin vollständig die andere, und nach fünf Minuten wird dann gewechselt. Die Kursleiterinnen achten dabei auf die Zeit und geben nach fünf Minuten ein Zeichen zum Wechseln.

Zurück im Plenum stellt dann jede die Partnerin mit Namen, Alter sowie Namen und Alter der Kinder vor; auch die jeweiligen Erwartungen und Befürchtungen werden genannt. Die Erwartungen und Befürchtungen werden von den Kursleiterinnen auf dem Flipchart-Papier festgehalten (eventuell auf zwei Flipchart-Blättern: auf einem die Befürchtungen, auf dem anderen die Erwartungen).

Dieses gegenseitige Befragen und Vorstellen verunsichert manche Teilnehmerinnen. Je nach Ermessen der Kursleiterinnen können die Interviews darum auch weggelassen werden, stattdessen stellen sich die Teilnehmerinnen mit den genannten Punkten selbst vor. Für andere Eltern ist es wiederum entspannend, wenn sie sich erst einmal in kleinen Gruppen austauschen können.

3. *Plenum: Vorstellen des Grundgedankens, der Kursinhalte und Erklärung der Schweigepflicht*

Nach dem Ende der Vorstellungsrunde gehen die Kursleiterinnen auf die einzelnen Erwartungen und Befürchtungen ein. Dabei ist es entscheidend, den Teilnehmerinnen zu erläutern, dass es in dem Kurs keine „Richtig- und Falsch-Bewertungen bzw. -Beurteilungen" bezüglich des Verhaltens und der Erziehung geben wird, und dass die Teilnehmerinnen auch keine „Patentrezepte" mit der einen, idealen Lösung bekommen werden, da es eine solche nicht gibt. Überdies ist es wichtig, den Teilnehmerinnen darzulegen, dass der Kurs nicht alleine durch das Referieren der Kursleiterinnen gestaltet wird, sondern dass es zu vielen aktiven Diskussionen kommen soll, bei denen jede Teilnehmerin ihre eigenen Erfahrungen und Gedanken einbringen kann. Grundsätzlich *muss* sich aber selbstverständlich auch niemand zu etwas äußern, wenn er das nicht möchte.

Von ganz besonderer Bedeutung ist die Erklärung und Vereinbarung der *Schweigepflicht* aller Anwesenden: Um eine vertrauensvolle Atmosphäre zu erreichen, ist es wichtig, dass alle die Gewissheit haben, dass Persönliches, das in dem Kurs erzählt und besprochen wird, nicht nach „außen" weitergetragen wird: Es kann Außenstehenden (z. B. Ehepartnerinnen, Freundinnen, Bekannten) erzählt werden, was Thema im Kurs war und mit welchen Methoden gearbeitet wurde oder was man selbst mitgenommen hat; es dürfen dabei jedoch keine persönliche Anliegen und Situationen von anderen aus dem Kurs weitergegeben werden. Die Übereinstimmung in diesem Punkt ist für die Fortführung des Kurses besonders entscheidend. Sollte jemand erst in einer späteren Einheit dazustoßen, muss die Erklärung und Vereinbarung der Schweigepflicht auch dann noch einmal wiederholt werden. In der Regel kann mit dieser Erläuterung der Kursgestaltung und der Schweigpflicht auf die genannten Befürchtungen der Teilnehmerinnen ausreichend reagiert werden.

In Bezug auf die Erwartungen wird anhand der Plakatübersicht *kurz* etwas zu dem Inhalt der folgenden Einheiten gesagt, wobei betont werden sollte, dass die Übersicht nur ein Orientierungsrahmen ist. Wenn die Teilnehmerinnen andere Themen haben, die wichtig sind, oder etwas aus aktuellem Anlass einbringen möchten, so hat dies stets Vorrang. Aus diesem Grund wird auch stets zu Beginn der folgenden Einheiten am Anfang eine „Blitzlichtrunde" gemacht (siehe Einheit 2, S. 53).

Am Ende jeder Einheit erhalten die Eltern ein Handout, auf dem wichtige Punkte aus der Einheit festgehalten sind.

4. Einzelarbeit und anschließendes Plenum: Was gelingt als Eltern? Stärken- und Ressourcenorientierung

Für diese Übung erhalten alle Teilnehmerinnen drei Karteikarten und einen Stift. Jede soll für sich drei Dinge, die ihnen als Eltern gut gelingen (oder auch drei Stärken) auf die Karteikarten schreiben (auf jede Karte eine Sache, die gut gelingt).

Einigen Teilnehmerinnen fällt es erfahrungsgemäß sehr schwer, drei gelingende Dinge bzw. Stärken zu finden. Sollten einige Teilnehmerinnen diese Aufgabe gar nicht meistern können, können die Kursleiterinnen einige Beispiele nennen, wie etwa: „Ich kann gut vorlesen, ich habe viel Geduld, ich habe immer ein offenes Ohr für mein Kind, ich bastle gerne mit meinem Kind" etc.

Im Anschluss daran sollen die Teilnehmerinnen ermuntert werden, mindestens eine, am besten aber alle drei Dinge selbstbewusst zu benennen. Die Teilnehmerinnen sind es in der Regel nicht gewohnt, bei sich selbst Stärken zu benennen bzw. sich selbst zu loben, sodass dies viele irritieren und verunsichern kann. Da aber jede sich „präsentiert", entsteht eine Dynamik, in der es zum einen „normal" wird, etwas Positives über sich zu sagen, zum anderen kann es zu vielen „Aha-Effekten" kommen, indem die Teilnehmerinnen bei vielen Stärke-Nennungen von anderen, auch sich selbst wieder finden können („Das kann ich doch auch! => Eigentlich kann ich so gesehen ganz schön viel").

Die Kursleiterinnen ergänzen im Anschluss, dass man sich sehr häufig über Dinge ärgert, wenn sie einem misslingen, oder man etwas nicht erreicht hat. Umgekehrt werden allerdings viele Dinge, die gut laufen und die man gut kann, einfach kommentarlos und selbstverständlich so hingenommen, ohne dies zu würdigen. Dadurch ist man geneigt sich in vielen Punkten sehr viel weniger kompetent zu sehen, als man es tatsächlich ist.

Die „Stärke-Kärtchen" (Karteikarten mit den gelingenden Dingen) können die Teilnehmerinnen mit nach Hause nehmen und dort aufhängen, wo der Blick öfter hinfällt. Jedes Mal, wenn sie mit etwas unzufrieden sind, können sie einen Blick auf die Kärtchen werfen und so vielleicht das eine oder andere relativieren.

Den Wechsel des Blickwinkels von dem, was nicht klappt, hin zu dem, was klappt, von den Schwächen hin zu den Stärken, soll damit auch ein wesentliches Ziel des Kurses sein.

5. Gruppenarbeit und anschließendes Plenum: Was brauchen Kinder, um sich gesund zu entwickeln?

Die Teilnehmerinnen teilen sich für diese Übung in zwei Gruppen. Jede Gruppe sammelt auf einem Flipchart-Papier alles, was ihr zu der Fragestellung „Was brauchen Kinder, um sich gesund zu entwickeln?" einfällt. Im Anschluss präsentieren beide Gruppen ihre Ergebnisse.

Auch in dieser Übung besteht noch einmal der Sinn, den Teilnehmerinnen spielerisch ein Kompetenzgefühl zu vermitteln und sie miteinander ins Gespräch zu bringen.

6. Plenum: Zusammenfassung und Theorie-Input über gesunde Entwicklung

Die Kursleiterinnen ergänzen bei Bedarf kurz die Ergebnisse der beiden Gruppen (siehe Handout zur ersten Einheit) und teilen dazu das Handout aus, das die Eltern mit nach Hause nehmen können. Außerdem wird den Eltern hier erklärt, was mit dem Begriff „Resilienz" gemeint ist, welche Grundgedanken damit verbunden sind und was in diesem Bezug ein Ziel des Elternkurses ist (siehe auch Kap. 1.4).

7. Übung für zu Hause

Die Teilnehmerinnen bekommen in jeder Einheit eine Übung für zu Hause, in der sie die Möglichkeit haben, die Inhalte aus der Einheit zu vertiefen. Diese Übungen sind natürlich freiwillig, und nur wer möchte, kann seine Erfahrungen beim nächsten Mal vorstellen. Dies sollte den Teilnehmerinnen auch so vermittelt werden.

Dieses Mal sollen die Teilnehmerinnen jeden Tag *eine* Sache auf dem vorbereiteten Zettel (siehe Kopiervorlage 3) notieren, die innerhalb der Familie bei der Erziehung positiv verlaufen ist.

8. Abschlussrunde

Am Ende jeder Einheit gibt es eine kurze Abschlussrunde. Dafür bekommen alle Teilnehmerinnen jeweils drei Smiley-Kärtchen (siehe Kopiervorlage 2 a-c). Jede Teilnehmerin soll das Kärtchen zeigen, das seine Meinung bezüglich der Einheit und der eigenen Befindlichkeit widerspiegelt und kann dieses noch durch ein kurzes mündliches Feedback ergänzen.

Wichtig ist, dass das Feedback völlig unkommentiert bleibt. Gegebenenfalls kann in der Folgeeinheit noch einmal allgemein etwas aufgegriffen werden, wenn beispielsweise noch etwas unklar oder offen war bzw. wichtig für den weiteren Kursverlauf ist. Dann jedoch nicht mit individueller Nennung, sondern stark verallgemeinert (z. B. „Nachdem beim letzten Mal die Rückmeldungen eher dahingehend waren, mehr Praxisbeispiele zu suchen, möchten wir dieses Mal …).

2. Einheit: Kindliches Verhalten, Entwicklung und Beobachtung

1. Anfangsblitzlicht
2. Plenum: Besprechung der Übung für zu Hause
3. Gruppenarbeit: Beweggründe kindlichen Verhaltens
4. Kurzfilme: Beobachtung und Analyse kindlichen Verhaltens
5. Plenum: Entwicklungsthemen der 0- bis 6-Jährigen
6. Übung für zu Hause
7. Abschlussrunde

Ziele:

▨ Erkennen, dass ein Verhalten viele verschiedene Hintergründe und Ursachen haben kann
▨ genaues und gezieltes Beobachten von kindlichem Verhalten
▨ Kennenlernen von kindlichen Entwicklungsthemen
▨ Entwicklungsaufgaben der Kinder verstehen lernen
▨ Verhaltensweisen von Kindern nachvollziehen können

Setting:

▨ Die Teilnehmerinnen und Kursleiterinnen sitzen in einem Stuhlkreis.
▨ Ein Plakat mit der Übersicht über die Einheiten hängt für alle gut sichtbar an einer Wand (o. ä.).
▨ Flipchart-Papier für Notizen und Bemerkungen sollte ebenfalls so angebracht werden, dass es alle Teilnehmerinnen gut sehen können.
▨ Ein Fernsehgerät bzw. Monitor mit DVD- bzw. Video-Player sollte für alle gut sichtbar aufgestellt werden.
▨ Eventuell können für die Teilnehmerinnen Getränke bereitgestellt werden.

Material:

▨ Stühle für den Stuhlkreis
▨ Plakat mit der Übersicht über alle Einheiten (siehe Kopiervorlage 1)
▨ Flipchart-Papier
▨ Tafelschreiber (um auf das Flipchart-Papier zu schreiben)
▨ Kurzfilme (z. B. gibt es unter http://www.bzga-avmedien.de, Link: Kindergesundheit; ein Video über »Die Entwicklung des Kindes vom 1. bis zum 6. Lebensjahr«)
▨ Video- bzw. DVD-Player und Monitor
▨ Handout zur zweiten Einheit (siehe Anhang, S. 96–98)
▨ Smiley-Kärtchen (siehe Kopiervorlage 2)
▨ eventuell Getränke und Dekoration für die Mitte des Stuhlkreises

Praktische Durchführung

Vorbemerkung

Es kann immer wieder vorkommen, dass die Eltern mit einer Reihe von Fragen in den Kurs kommen, die sie so schnell wie möglich klären bzw. beantwortet haben wollen. Hier ist es wichtig herauszufinden, ob die Fragen wirklich nicht warten können, oder wenn doch, sie dann wie in der ersten Stunde auf einem Flipchart festzuhalten und zu klären, bis wann das Thema besprochen werden sollte. Wenn in jeder Stunde deutlich wird, dass ein großer Bedarf an Klärung bestimmter Konflikte besteht, können die Stunden auch insgesamt zweigeteilt werden. In der ersten Hälfte werden ein bis zwei Konflikte besprochen, und in der zweiten Hälfte wird dann das eigentliche Thema der Einheit behandelt. Dies erfordert ein sensibles Einfühlungsvermögen in die Bedarfe der Eltern seitens der Kursleiterinnen. Wird ein großer individueller Bedarf deutlich und sind die Konflikte so *verzweigt*, dass sie in der Stunde nicht ausreichend besprochen werden können, sollte ein Einzelgespräch vereinbart werden, in dem gegebenenfalls auch eine Weiterleitung an eine Erziehungsberatungsstelle das Ziel sein könnte.

1. Anfangsblitzlicht

Alle Anwesenden sagen kurz etwas zu ihrer momentanen Befindlichkeit und ob es etwas Besonderes in der letzten Woche bzw. an diesem Tag gab. So kann geklärt werden, ob mögliche „Störungen" vorliegen, durch die eine Änderung des geplanten Ablaufes sinnvoll oder notwendig wird (z. B. großer innerfamiliärer Konflikt, durch den die Konzentration auf andere Inhalte nicht möglich ist).

2. Plenum: Besprechung der Übung für zu Hause

Die Teilnehmerinnen haben in der letzten Einheit die Aufgabe erhalten, jeden Tag eine Sache zu notieren, die in der Familie bei der Erziehung gut verlaufen ist. Die Teilnehmerinnen sollen nun berichten, wie es ihnen mit dieser Übung ergangen ist. Selbstverständlich *muss* jemand, der sich dazu *nicht* äußern möchte, dies auch nicht tun.

Die Kursleiterinnen sollten den Teilnehmerinnen sehr wertschätzend und lobend bei der „Berichterstattung" gegenüberstehen.

3. Gruppenarbeit: Beweggründe kindlichen Verhaltens

Die Teilnehmerinnen teilen sich in zwei Gruppen auf und sollen gemeinsam folgende Frage bearbeiten: „Welche Gründe kann ein Kind haben, dass es ein Stück Kuchen in den Videorekorder steckt?"

Beide Gruppen erhalten ein Flipchart-Papier und sammeln darauf ihre Antworten. Nach zehn Minuten präsentieren beide Gruppen ihre Ergebnisse. Mögliche Antworten können sein:

▨ Entsorgung des Kuchens: „Der Kuchen schmeckt nicht!"
▨ „Der Videorekorder hat auch Hunger, ich gebe ihm etwas ab."

- Nachahmungsverhalten: „Papa und Mama stecken auch immer etwas in den Rekorder, und dann läuft er."
- Neugier: „Wie sieht es da drin aus und was passiert, wenn ich den Kuchen da reinstecke?"
- Geheimversteck für den Kuchen: „Da kann ich ihn später wieder holen."
- Provokation: „Mal sehen, wie Mama und Papa reagieren, wenn ich das mache. Werden sie sauer oder lachen sie?"
- Wut: „Wenn ich nicht Video schauen darf, dann soll auch kein anderer mehr schauen können."

Die Teilnehmerinnen werden in der Regel während der Bearbeitung selbst darauf aufmerksam, dass die Beweggründe zum einen vom Alter des Kindes abhängig sind, zum anderen aber auch von der Gesamtsituation (Stimmung und Temperament des Kindes, Interaktion mit Bezugspersonen und Umfeld).

Ziel ist die Erkenntnis, dass das Verhalten der Kinder sehr viele unterschiedliche Beweggründe haben kann. Es gibt Beweggründe, die fast ausschließlich das Kind selbst betreffen (z. B. Neugier, Nachahmung, Entsorgung) und Gründe, die in der Interaktion mit dem Umfeld geschehen (z. B. Provokation, Wut). Daraus resultiert, dass mit einem „schlechten" Verhalten nicht zwangsläufig auch das „Ärgern" von anderen beabsichtigt ist.

Somit spielt auch die Reaktionen der Bezugspersonen auf das kindliche Verhalten eine bedeutende Rolle: Ein Kind, das aus Fürsorge den Videorekorder füttern möchte, wird stark verwirrt sein, wenn die Eltern schimpfen und es bestrafen. Dagegen sollte einem Kind, das zornig ist, weil es sein Video jetzt nicht sehen darf und somit aus „Rache" den Videorekorder absichtlich zerstört, nicht mit Verharmlosung und Verniedlichung begegnet werden.

4. Kurzfilme: Beobachtung und Analyse kindlichen Verhaltens

Um herausfinden zu können, welche tatsächlichen Beweggründe hinter dem kindlichen Verhalten stehen, ist ein genaues Beobachten und Analysieren des Verhaltens wichtig. Beobachten kann geübt werden. Eine Möglichkeit besteht darin, das eigene Kind wiederholt gezielt zu beobachten und das Verhalten zu hinterfragen.

Eine zweite Möglichkeit besteht darin, einzelne Filmausschnitte anzusehen und anhand der gemachten Beobachtungen Spekulationen aufzustellen.

In dem Kurs werden somit einzelne Filmausschnitte mit Kindern im Vorschulalter in verschiedenen Situationen gezeigt. Statt der vorgeschlagenen Videos können auch Ausschnitte aus dem Kindergartenalltag gezeigt werden, die auf Video aufgenommen wurden. Die Teilnehmerinnen können nach jeder Sequenz ihre Beobachtungen schildern und sagen, wie es dem Kind ihrer Meinung nach geht und was bzw. warum es so handelt.

Daraus können durchaus Diskussionen mit unterschiedlichen Sichtweisen aufkommen, die am Ende nicht zwangsläufig immer zu Übereinstimmungen führen müssen. Wichtig ist die Erkenntnis, dass Kinder nicht nach einem zwangsläufigen Muster handeln oder um die Eltern zu ärgern, sondern dass oft Beweggründe dahinterstecken, die erst auf den zweiten Blick erkennbar sind und häufig mit den Entwicklungsthemen der Kinder verknüpft sind.

5. Plenum: Entwicklungsthemen der 0- bis 6-Jährigen

Es ist entscheidend, den Teilnehmerinnen zu verdeutlichen, dass es zwar alterstypische Verhaltensweisen und –themen gibt, eine Entwicklung jedoch nie gleich verläuft. Manche Kinder durchlaufen unterschiedliche Phasen früher oder später und sind je nach Temperament auch ruhiger oder lebhafter.

Anhand des Handouts zur zweiten Einheit können mit den Teilnehmerinnen zusammen exemplarisch einige Entwicklungsphasen besprochen werden. Die Teilnehmerinnen können von ihren diesbezüglichen Erfahrungen berichten und wie sie mit verschiedenen Verhaltensweisen umgegangen sind. Anhand der Entwicklungsthemen können auch die Videobeispiele noch einmal aufgegriffen und deutlich gemacht werden.

6. Übung für zu Hause

Die Teilnehmerinnen sollen als Übung bis zur nächsten Einheit gezielt beobachten, mit was und wie sich das eigene Kind momentan beschäftigt und was seine Entwicklungsthemen sind.

7. Abschlussrunde

Zur Durchführung der Abschlussrunde siehe Einheit 1, S. 51

3. Einheit: (Über-)Leben als Eltern

1. Anfangsblitzlicht
2. Plenum: Besprechung der Übung
3. Einzelarbeit und anschließendes Plenum: Was tut mir gut?
4. Einzelarbeit und anschließende Paararbeit: Zeitkuchen zu Wirklichkeit und Wunsch, Fragebogen zur Zufriedenheit
5. Plenum: Austausch *zu den Ergebnissen,* Umsetzungsmöglichkeiten von „Überlebensoasen"
6. Übung für zu Hause
7. Abschlussrunde

Ziele:

- erkennen, dass die eigene Zufriedenheit auch für das Wohl der Kinder wichtig ist
- die Teilnehmerinnen sollen sich an eigene Bedürfnisse „erinnern", sich diese auch zugestehen und „an sich denken"
- aktiv die Umsetzung der eigenen Bedürfnisse angehen
- Vermeidung bzw. Abbau von Schuldgefühlen bei der Umsetzung der eigenen Bedürfnisse
- eigene Wahrnehmung nicht nur als „Eltern", sondern auch als „Frau" bzw. „Mann" erweitern; jeder Mensch hat mehrere Rollen

Setting:

- Die Teilnehmerinnen und Kursleiterinnen sitzen in einem Stuhlkreis.
- Ein Plakat mit der Übersicht über die Einheiten hängt für alle gut sichtbar an einer Wand (o. ä.).
- Flipchart-Papier für Notizen und Bemerkungen sollte ebenfalls so angebracht werden, dass es alle Teilnehmerinnen gut sehen können.
- Eventuell können für die Teilnehmerinnen Getränke bereitgestellt werden.

Material:

- Stühle für den Stuhlkreis
- Plakat mit der Übersicht über alle Einheiten (siehe Kopiervorlage 1)
- Flipchart-Papier
- Tafelschreiber (um auf das Flipchart-Papier zu schreiben)
- Karteikarten (für jede Teilnehmerin mindestens drei Karteikarten)
- Arbeitsblatt Zeitkuchen (für alle Teilnehmerinnen eine Kopie; siehe Kopiervorlage 4)

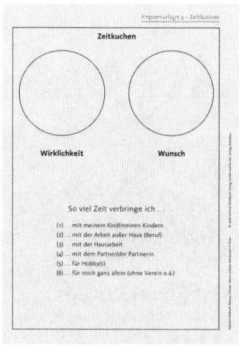 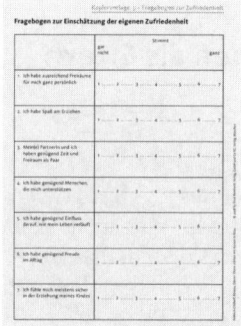

- Arbeitsblatt Fragebogen (für alle Teilnehmerinnen eine Kopie; siehe Kopiervorlage 5)
- Handout zur dritten Einheit (siehe Anhang, S. 99
- Smiley-Kärtchen (siehe Kopiervorlage 2)
- eventuell Getränke und Dekoration für die Mitte des Stuhlkreises

Kopiervorlage 4 –
Zeitkuchen

Kopiervorlage 5 –
Fragebogen

Praktische Durchführung

Vorbemerkung

Diese Einheit ist ausschließlich den Teilnehmerinnen „selbst" gewidmet, d. h. es geht darum, wie es den Teilnehmerinnen insgesamt geht, wie sie ihr momentanes Leben einschätzen und wie sie sich selbst etwas Gutes tun können. Viele Teilnehmerinnen stellen als Eltern ihre eigenen Bedürfnisse „hinten an" und sehen häufig auch keine Möglichkeit, wie sie dies in absehbarer Zeit auch nur annähernd ändern könnten. Zudem kommen oft Schuldgefühle dazu, wenn sie doch einmal etwas für sich tun, da sie sich dann – in ihren Augen – zu wenig um das Kind kümmern.

Somit ist es für diese Einheit besonders bedeutsam, den Teilnehmerinnen zu vermitteln, dass sie trotz ihres „Eltern-Daseins" auch noch „Menschen" sind, die viele verschiedene Bedürfnisse haben. *Die Befriedigung zumindest eines Teils dieser Bedürfnisse ist für ihre seelische und körperliche Gesundheit und Ausgeglichenheit unabdingbar.*

Zusätzlich haben Kinder sehr sensible „Antennen" und spüren unterbewusst, ob es ihren Eltern gutgeht oder nicht. Geht es den Eltern gut und strahlen sie ehrliche Kraft und Freude von innen heraus aus, dann geht es auch den Kindern gut. Im Umkehrschluss führt Anspannung und Überlastung der Eltern auch zu Unwohlsein bei den Kindern. Das bedeutet zusammengefasst, dass Kinder mehr davon haben, wenn ihre Eltern ausgeglichen und zufrieden sind und etwas weniger Zeit für sie haben, als viel Zeit in Stress und innerlicher Anspannung mit den Kindern zu verbringen.

1. Anfangsblitzlicht

Zur Durchführung des Anfangsblitzlichts siehe Einheit 2, S. 53.

2. Plenum: Besprechung der Übung

Die Teilnehmerinnen haben in der letzten Einheit die Aufgabe erhalten, gezielt zu beobachten, mit was und wie sich das eigene Kind momentan beschäftigt und was seine Entwicklungsthemen sind. Zur Durchführung der Besprechung siehe Einheit 2, S. 53.

3. Einzelarbeit und anschließende Paararbeit: Was tut mir gut?

Die Teilnehmerinnen bekommen drei Karteikarten. Auf jede Karteikarte sollen sie je eine Sache schreiben, die sie gerne machen und die ihnen guttut (z. B. ausschlafen, ein gutes Buch lesen, mit Freunden treffen, Sport treiben etc.).

Im anschließenden Plenum stellen alle ihre drei Dinge vor und sagen auch jeweils dazu, wie oft und wann zum letzten Mal sie dieses durchgeführt haben. In der Regel kommen dabei sehr häufig Aussagen wie „Der letzte Kinobesuch ist schon zwei Jahre her" oder „Zeit für mich alleine oder mit meinem Partner gibt es momentan gar nicht". Dies führt dazu, dass die Teilnehmerinnen bereits ins Nachdenken kommen.

Die Kursleiterinnen erklären, dass später noch einmal auf diese Karten eingegangen wird.

4. Einzelarbeit und anschließende Paararbeit: Zeitkuchen zu Wirklichkeit und Wunsch, Fragebogen zur Zufriedenheit (siehe Kopiervorlagen 4 und 5)

Alle Teilnehmerinnen erhalten die beiden Arbeitsblätter mit dem Zeitkuchen und dem Fragebogen. Jeder soll die beiden Arbeitsblätter für sich ausfüllen. Es ist sinnvoll, den Zeitkuchen kurz zu erklären und ein *Beispiel* auf dem Flipchart-Papier aufzuzeichnen (siehe Abb. 3).

Bei der Einschätzung der „Realität" ist das Gefühl der verbrachten Zeit an „Durchschnittstagen" ausschlaggebend. Es wird dabei nichts mathematisch kontrolliert und die Nacht zählt selbstverständlich nicht als „Zeit für sich selbst" ö. ä. mit.

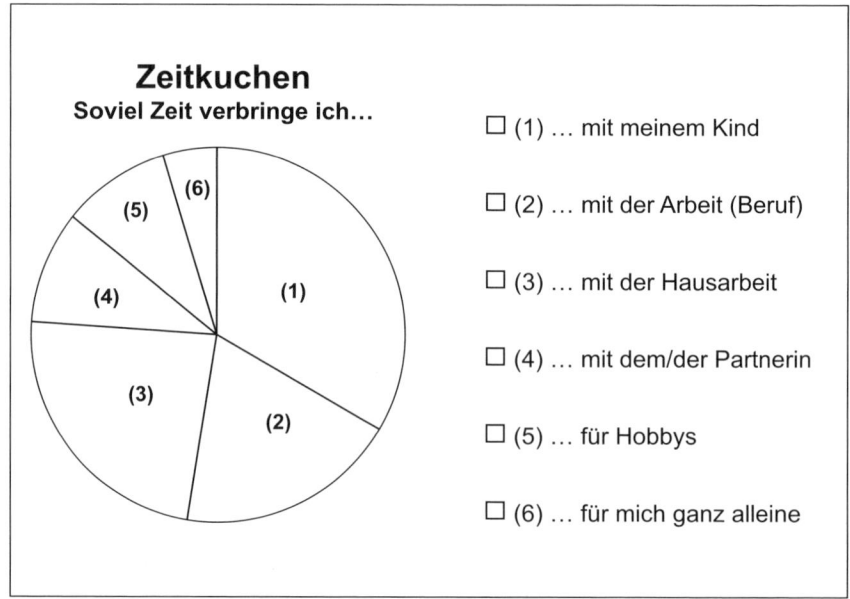

Abb. 3: Zeitkuchen, Muster (siehe auch Kopiervorlage 4)

Wenn alle die beiden Arbeitsblätter ausgefüllt haben, gehen die Teilnehmerinnen in Zweiergruppen zusammen und tauschen sich über ihre Erkenntnisse aus. Sie sollen gemeinsam darüber nachdenken, wie zufrieden sie sind und auch in Bezug auf die zuvor geschriebenen Karteikarten überlegen, inwieweit sie eventuell ihre Zeit auch gerne anders verteilen, einsetzen oder gestalten würden. Dabei sollen sie sich einen Punkt herausgreifen, der ihnen am wichtigsten ist und aktiv nach Möglichkeiten suchen diesen umzusetzen.

5. Plenum: Austausch zu den Ergebnissen, Umsetzungsmöglichkeiten von „Überlebensoasen"

Gemeinsam in der großen Gruppe können die Teilnehmerinnen noch einmal berichten, zu welchem Ergebnis sie gekommen sind. Wenn jemand gerne etwas verändern würde, aber gar keine Möglichkeit dafür sieht, kann gemeinsam – mit Zustimmung des/der Betroffenen – nach Lösungen gesucht werden. Die Kursleiterinnen haben dabei die bedeutende Funktion, die Teilnehmerinnen wirklich zu ermutigen und zu motivieren, ihre individuellen Wünsche aktiv und gegebenenfalls auch hartnäckig umzusetzen.

Sehr häufig entwickelt sich in der Gruppe eine große Solidarität und ein gegenseitiges Verständnis, sodass es zu gegenseitigen Unterstützungsangeboten kommen kann.

6. Übung für zu Hause

Die Teilnehmerinnen sollen als Übung bis zur nächsten Einheit die selbst gewählte „Überlebensoase" umsetzen oder diese zumindest aktiv vorbereiten, um sie in Kürze (nach Möglichkeit noch innerhalb der Kurslaufzeit) umsetzen zu können oder einen der „Überlebenstipps" aus dem Handout ausprobieren. Zusätzlich erhalten sie das Handout zur dritten Einheit zum Lesen, auf dem noch einige „Überlebenstipps" aufgeführt sind.

7. Abschlussrunde

Zur Durchführung der Abschlussrunde siehe Einheit 1, S. 51.

4. Einheit: Miteinander leben I – Regeln, Grenzen und Konflikte

1. Anfangsblitzlicht
2. Plenum: Besprechung der Übung für zu Hause
3. Plenum: Welche Konfliktsituationen kann es mit Kindern geben?
4. Kleingruppen oder optional Plenum: Welche Lösungsmöglichkeiten kann es geben?
5. Plenum: Theorie-Input über konstruktive Konfliktlösung
6. Übung für zu Hause
7. Abschlussrunde

Ziele:

- die Entstehung von Konflikten wird nachvollziehbar
- Teilnehmerinnen erfahren sinnvolle und konstruktive Möglichkeiten, mit Konflikten umzugehen
- eingefahrene Konfliktverhaltensmuster werden überdacht
- der Blick auf Konflikte verändert sich
- Teilnehmerinnen fühlen sich nicht mehr „alleine" und zu wenig kompetent, da auch andere Teilnehmerinnen mit ähnlichen Problemen „zu kämpfen" haben

Setting:

- Die Teilnehmerinnen und Kursleiterinnen sitzen in einem Stuhlkreis.
- Ein Plakat mit der Übersicht über die Einheiten hängt für alle gut sichtbar an einer Wand (o. ä.)
- Flipchart-Papier für Notizen und Bemerkungen sollte ebenfalls so angebracht werden, dass es alle Teilnehmerinnen gut sehen können.
- Eventuell können für die Teilnehmerinnen Getränke bereitgestellt werden.

Material:

- Stühle für den Stuhlkreis
- Plakat mit der Übersicht über alle Einheiten (siehe Kopiervorlage 1)
- Flipchartpapier
- Tafelschreiber (um auf das Flipchart-Papier zu schreiben)
- Handout zur vierten Einheit (siehe Anhang, S. 100)
- Smiley-Kärtchen (siehe Kopiervorlage 2)
- eventuell Getränke und Dekoration für die Mitte des Stuhlkreises

Praktische Durchführung

Vorbemerkung

Viele Eltern fürchten, dass andere Eltern viel besser mit manchen Situationen und Konflikten umgehen können, oder dass nur ihr Kind Schwierigkeiten macht. Somit erleben es Eltern als entlastend, wenn sie hören, dass sie mit ihren Problemen nicht alleine sind und es anderen ähnlich ergeht. Dadurch werden sie häufig viel entspannter und sehen auch manche Konflikte gar nicht mehr als so schlimm an. Alleine das bewirkt oft schon, dass sich dadurch die konflikthaften Situationen entspannen. Zusätzlich werden Eltern durch ein exemplarisches Durchspielen der Situation in ihrem Verhalten so gespiegelt, dass ihnen eigene Streitmuster bewusst werden. Überdies tragen neue Ideen und Sichtweisen manchmal dazu bei, aus verfahrenen Situationen herauszufinden.

In dieser Einheit ist es besonders wichtig, dass die Kursleiterinnen darauf achten, dass niemand seine Meinung den anderen Teilnehmerinnen „aufdrückt" und auch „Besserwisser" gleich gestoppt werden. Es muss deutlich werden, dass mehrere Meinungen nebeneinander stehen können und es nicht *die* Lösung gibt, sondern jeder die für sich geeignete Lösung finden muss und kann.

1. Anfangsblitzlicht

Zur Durchführung des Anfangsblitzlichts siehe Einheit 2, S. 53.

2. Plenum: Besprechung der Übung für zu Hause

Die Teilnehmerinnen haben in der letzten Einheit die Aufgabe erhalten, eine selbst gewählte „Überlebensoase" umzusetzen oder diese zumindest aktiv vorzubereiten, um sie in Kürze (nach Möglichkeit noch innerhalb der Kurslaufzeit) umsetzen zu können. Mit der Durchführung der Übung wird wie bisher verfahren (siehe Einheit 2, S. 53 allerdings sollte hier bei weiterem Bedarf noch einmal etwas Zeit eingeräumt werden.

3. Plenum: Welche Konfliktsituationen kann es mit Kindern geben?

Die Teilnehmerinnen nennen spontan die Situationen, die ihnen einfallen. Die Kursleiterinnen schreiben diese auf dem Flipchart-Papier mit. In der Regel werden einige der folgenden Konflikte genannt (sollten die Teilnehmerinnen keine nennen, können die untenstehenden Konfliktbeispiele auch von den Kursleiterinnen eingebracht werden):

- Essenssituationen
- schlafen gehen bzw. ins Bett bringen
- anziehen und Zähne putzen
- Geschwisterstreit
- aufräumen
- nicht hören wollen (Trotzphase)
- fernsehen
- Regeln bzw. Konsequenzen

4. Kleingruppen oder optional Plenum: Welche Lösungsmöglichkeiten kann es geben?

Die Gruppe einigt sich exemplarisch zunächst auf eine Konfliktsituation, anhand derer gemeinsam überlegt werden soll, wie man mit einem solchen Konflikt umgehen kann. Zu dieser Situation schildert dann eine Teilnehmerin beispielhaft eine Situation. In der Regel sind es Konflikte, die sich in den letzten Wochen ereignet haben, zu denen die Eltern Fragen haben. Je nach Wahl der Gruppe können die Überlegungen dazu zunächst in zwei Kleingruppen gesammelt und anschließend präsentiert werden oder auch direkt im Plenum diskutiert werden.

Die Kursleiterinnen haben hier *nicht* die Aufgabe, Lösungen zu finden, sondern sie fungieren vorrangig als Moderatorinnen. Dabei können sie immer wieder, neben der Gesprächsführung und gelegentlichen Zusammenfassungen von Aussagen, auch hilfreiche Fragen stellen:

- Stellen Sie sich vor, Sie wären das Kind. Was würden Sie fühlen bzw. denken? Warum würden Sie so handeln?
- Was würde Sie als Kind zufriedenstellen?
- Wie oft kommt der Konflikt vor? Wann ist das immer? Gibt es eine Regelmäßigkeit?
- Wann war die Situation mal besser? Was war da anders?
- Konnte der Konflikt schon mal erfolgreich gelöst werden? Wenn ja, wie?
- Was könnten Sie als Eltern tun, um den Konflikt noch schlimmer zu machen?
- Was würde passieren, wenn Sie dieser Situation gar keine Bedeutung mehr beimessen würden?
- Wer spielt in diesem Konflikt welche Rolle? Besteht diese Rolle auch außerhalb des Konflikts?

Wichtig ist, dass die Teilnehmerin, die die Situation eingebracht hat, nicht im Fokus der „schlauen Ratschläge" steht, sondern dass eine ausgeglichene Diskussion entsteht, in der verschiedene Möglichkeiten durchgespielt werden. Am Ende steht keine fertige Lösung, sondern verschiedene Ansätze und Ideen, die von den Teilnehmerinnen je nach Zusage „mitgenommen" und ausprobiert oder auch „dagelassen" werden können. Je nach Bereitschaft der Gruppe kann auch ein Rollenspiel durchgeführt werden, beispielsweise kann eine Teilnehmerin ein Beispiel einer Konfliktsituation erzählen und zwei andere Teilnehmerinnen nehmen die Kinder- bzw. die Elternrolle ein. So hat die Mutter, die das Beispiel einbringt, die Möglichkeit, die Situation von außen zu betrachten. Möglich ist auch die Variante, dass die Mutter, die von der Konfliktsituation berichtet, sich in die Rolle des Kindes versetzt und jemand anderes ihre Rolle einnimmt. Dadurch wird den Teilnehmerinnen die Kindperspektive erfahrbar gemacht.

Nach dem gleichen Prinzip können dann noch weitere Konflikte besprochen werden. Wenn aufgrund der Zeit nicht auf alle Konflikte eingegangen werden kann, bei denen hoher Gesprächsbedarf besteht, werden diese auf dem Flipchart-Papier festgehalten und in der folgenden Einheit noch besprochen.

5. Plenum: Theorie-Input über konstruktive Konfliktlösung

Die Teilnehmerinnen erhalten das Handout zur vierten Einheit. Anhand dessen erläutern die Kursleiterinnen noch einige Hilfestellungen für konstruktive Konfliktlösungen. Die Teilnehmerinnen werden durch Fragen, Ergänzungen und Anmerkungen mit einbezogen.

6. Übung für zu Hause

Die Teilnehmerinnen sollen bis zur nächsten Einheit den Ablauf eines Konflikts „beobachten" und gegebenenfalls bei Wiederholung einen „neuen" bzw. „anderen Weg" ausprobieren.

7. Abschlussrunde

Zur Durchführung der Abschlussrunde siehe Einheit 1, S. 51.

5. Einheit: Miteinander leben II – gelingende Freizeitbeschäftigung

1. Anfangsblitzlicht
2. Plenum: Besprechung der Übung für zu Hause
3. Plenum: Gelingende Beschäftigung
4. Plenum: Mediennutzung
5. Übung für zu Hause
6. Abschlussrunde

Ziele:

▦ Erweiterung des Ideenspektrums bezüglich der Freizeitgestaltung und der Beschäftigungsmöglichkeiten
▦ sinnvoller Umgang mit Medien

Setting:

▦ Die Teilnehmerinnen und Kursleiterinnen sitzen in einem Stuhlkreis.
▦ Ein Plakat mit der Übersicht über die Einheiten hängt für alle gut sichtbar an einer Wand (o. ä.).
▦ Flipchart-Papier für Bemerkungen und Notizen sollte ebenfalls so angebracht werden, dass es alle Teilnehmerinnen gut sehen können.
▦ Gegebenenfalls einen Spiele- und Büchertisch zur Ansicht bereitstellen.
▦ Eventuell können für die Teilnehmerinnen Getränke bereitgestellt werden.

Material:

▦ Stühle für den Stuhlkreis
▦ Plakat mit der Übersicht über alle Einheiten (siehe Kopiervorlage 1)
▦ Flipchart-Papier
▦ Tafelschreiber (um auf das Flipchart-Papier zu schreiben)
▦ Handout zur fünften Einheit (siehe Anhang, S. 101–104)
▦ gegebenenfalls Spiele und Bücher zur Ansicht
▦ Smiley-Kärtchen (siehe Kopiervorlage 2)
▦ eventuell Getränke und Dekoration für die Mitte des Stuhlkreises

Praktische Durchführung

1. Anfangsblitzlicht

Zur Durchführung des Anfangsblitzlichts siehe Einheit 2, S. 53.

2. Plenum: Besprechung der Übung für zu Hause

Die Teilnehmerinnen haben in der letzten Einheit die Aufgabe erhalten, den Ablauf eines Konflikts zu „beobachten" und gegebenenfalls bei Wiederholung einen „neuen" bzw. „anderen Weg" auszuprobieren. Zur Durchführung der Übungsbesprechung siehe Einheit 2, S. 53.

Besteht noch Gesprächsbedarf zu der vorherigen Einheit bezüglich des Umgangs mit Konfliktsituationen, so sollte darauf nach der Aufgabenbesprechung eingegangen werden. Dies ist sehr häufig der Fall.

3. Plenum: Gelingende Beschäftigung

Die Kursleiterinnen eröffnen die Diskussion mit der Frage, mit welchen Freizeitbeschäftigungen (sowohl im Innen- wie im Außenbereich) die Teilnehmerinnen mit ihren Kindern bisher schon positive Erfahrungen gemacht haben. Zusätzliche Gesprächsanstöße können folgende Fragen geben:

- Mit was haben Sie sich als Kind am liebsten beschäftigt?
- Was hat Ihnen früher am meisten Spaß gemacht? Und was heute?
- Was macht heute für Sie gelingende Beschäftigung aus?
- Welche Beschäftigung sehen Sie als Eltern eher kritischer?
- Welche Ausflugsziele sind für Kinder geeignet? Was muss in der Vorbereitung beachtet werden?
- Welche Spiele kann man ohne viel Vorbereitung machen?

Die Teilnehmerinnen können sich so interessante Ideen mit nach Hause nehmen und bei Gelegenheit ausprobieren. Zusätzlich erhalten die Teilnehmerinnen das Handout zur fünften Einheit, auf dem weitere Spiele und Beschäftigungsmöglichkeiten aufgelistet sind. Eventuell kann auch ein vorbereiteter Tisch mit Spielen und Büchern zur Ansicht bereitstehen, wo sich die Eltern neue Anregungen holen können.

4. Plenum: Mediendiskussion

Für die Diskussion über die Nutzung von Fernsehen und Computer ist es interessant, wenn die Teilnehmerinnen zunächst einmal schildern, wie viele Stunden am Tag ihre Kinder fernsehen bzw. am Computer sitzen und welche Sendungen bzw. Spiele sie am meisten interessieren. Darauf aufbauend kann diskutiert werden, wie ein sinnvoller Umgang mit den Medien aussehen kann (in welchem Alter wie lange, mit welchen Inhalten etc.).

Es können in dieser Diskussion sehr unterschiedliche Sichtweisen aufeinandertreffen. Je nach Verlauf können die Kursleiterinnen ergänzend hinzufügen, dass ein guter und verantwortungsbewusster Umgang mit den Medien nur erlernt werden kann, wenn dieser auch in angemessener Form geübt und durch Regeln begleitet wird. Ein Kind, das nie fernsehen darf, kann ebenso wenig einen sinnvollen Umgang erlernen, wie ein Kind, das unbegrenzt vor dem Fernseher sitzt.

Anhand des Handouts zur fünften Einheit können mit den Teilnehmerinnen zusammen wichtige Fernsehregeln besprochen werden. Bei Bedarf kann auch gemeinsam überlegt werden, wie man es erreichen kann, dass dem Fernseher weniger Bedeutung zukommt (z. B. Fernseher in einen weniger attraktiven Raum stellen, Fernseher in einen Schrank stellen, sodass er nicht immer so präsent ist, Alternativprogramm ausdenken, als Vorbild selbst nur sehr gezielt und angemessen fernsehen etc.).

5. Übung für zu Hause

Die Teilnehmerinnen sollen bis zur nächsten Einheit eines der Spiele oder eine der Beschäftigungsmöglichkeiten, die auf dem Handout stehen oder die in der Einheit vorgestellt wurden, ausprobieren *und* einen fernsehfreien Tag durchführen.

7. Abschlussrunde

Zur Durchführung der Abschlussrunde siehe Einheit 1, S. 51.

6. Einheit: Wie kann ich mein Kind unterstützen, damit es auch Krisen und Belastungen meistern kann?

1. Anfangsblitzlicht
2. Plenum: Übung für zu Hause
3. Theorie-Input: Was ist bei der Unterstützung von Kindern wichtig?
4. Input und Plenum: Wie kann ich mein Kind konkret unterstützen?
5. Auswertungsbogen zum Elternkurs
6. Abschlussrunde

Ziele:

■ erfahren, wie wichtig die Fähigkeit zum Umgang mit und zur Bewältigung von Anforderungen, Krisen, Belastungen und Stress ist
■ kennenlernen von praktischen Möglichkeiten und Methoden, wie Kinder in ihrer Entwicklung gezielt unterstützt werden können, um auch Belastungen und Krisen meistern zu können
■ kennenlernen der Bedeutung von Selbst- und Fremdwahrnehmung, Selbstwirksamkeitserfahrungen, Selbststeuerungsmöglichkeiten, sozialer Kompetenz, Umgang mit Stress und Problemlösen
■ Orientierung an Stärken und Ressourcen

Setting:

■ Die Teilnehmerinnen und Kursleiterinnen sitzen in einem Stuhlkreis.
■ Ein Plakat mit der Übersicht über die Einheiten hängt für alle gut sichtbar an einer Wand (siehe Kopiervorlage 1).

Abb. 4: Resilienzfaktoren

▨ Ein Plakat mit den Resilienzfaktoren hängt für alle gut sichtbar an einer Wand (siehe Abb. 4).
▨ Flipchart-Papier für Notizen und Bemerkungen sollte ebenfalls so angebracht werden, dass es alle Teilnehmerinnen gut sehen können.
▨ Eventuell können für die Teilnehmerinnen Getränke bereitgestellt werden.

Material:

▨ Stühle für den Stuhlkreis
▨ Plakat mit der Übersicht über alle Einheiten (siehe Kopiervorlage 1)
▨ Plakat mit wichtigen Faktoren für eine gute Widerstandsfähigkeit (Resilienz; siehe oben)
▨ Anschauungsmaterial für konkrete Unterstützungsmöglichkeiten (z. B. Gefühlsuhr [Kopiervorlage 6], Signalkärtchen [Kopiervorlage 7])
▨ Flipchart-Papier
▨ Tafelschreiber (um auf das Flipchart-Papier zu schreiben)
▨ Handout zur sechsten Einheit (siehe Anhang, S. 105–106)
▨ Smiley-Kärtchen (siehe Kopiervorlage 2)
▨ Auswertungsbogen zum Elternkurs (pro Teilnehmerin eine dreiseitige Kopie; siehe Kopiervorlage 8)
▨ eventuell Getränke und Dekoration für die Mitte des Stuhlkreises
▨ Buchempfehlung: „Prävention und Resilienzförderung in Kindertageseinrichtungen – PRiK" (Fröhlich-Gildhoff et al. 2007a)

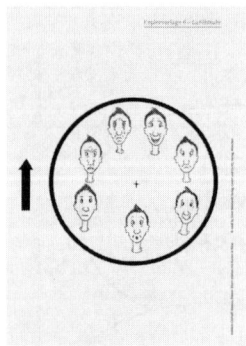

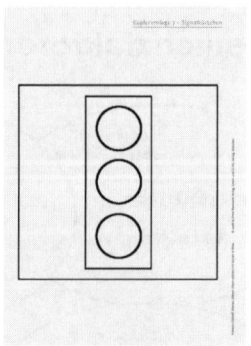

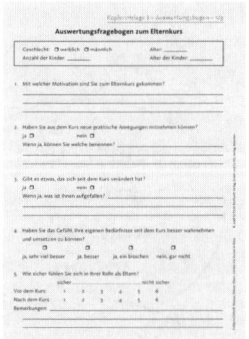

Kopiervorlage 6 –
Gefühlsuhr

Kopiervorlage 7 –
Signalkärtchen

Kopiervorlage 8 –
Auswertungsbogen

Praktische Durchführung

Vorbemerkung

In dieser Einheit nimmt der theoretische Input durch die Kursleiterinnen sehr viel Raum ein. Damit die Einheit trotz allem lebendig bleibt, ist es wichtig, die Teilnehmerinnen immer wieder auch nach ihren Erfahrungen zu diesem Thema zu befragen, sowie die Anmerkungen, Fragen, Hinweise etc. der Teilnehmerinnen aufzunehmen und auch Zeit für kürzere Diskussionen einzuräumen. Es ist sinnvoll, möglichst viel Anschauungsmaterial zu den vorgestellten Übungen mitzubringen.

1. Anfangsblitzlicht

Zur Durchführung des Anfangsblitzlichts siehe Einheit 2, S. 53.

2. Plenum: Besprechung der Übung für zu Hause

Die Teilnehmerinnen haben in der letzten Einheit die Aufgabe erhalten, ein neues Spiel auszuprobieren und einen fernsehfreien Tag durchzuführen. Zur Durchführung der Aufgabenbesprechung siehe Einheit 2, S. 53.

3. Kurzer Theorie-Input: Was ist bei der Unterstützung von Kindern wichtig?

Kinder gehen ganz unterschiedlich mit An- und Herausforderungen, Schwierigkeiten und Belastungen um. Situationen, die bei manchen schon ein hohes Stressempfinden hervorrufen, werden von anderen noch mühelos als ganz „normal" empfunden. Zusätzlich lassen sich manche Kinder zunächst einmal von keiner Hürde abschrecken, während andere bei kleinen Hindernissen bereits keine Hoffnung mehr auf Erfolg haben.

Dabei gibt es Kinder, die sich trotz einer Reihe äußerlich wahrnehmbarer Entwicklungsrisiken (z. B. Aufwachsen unter großer Armut etc.) sehr positiv entwickeln, ihr Leben meistern und gut zurechtkommen.

In verschiedenen Studien (siehe Kap. 1.4 im Theorieteil) wurde dazu erforscht, dass es bedeutsame Aspekte gibt, durch die – wenn diese positiv ausgeprägt sind – Kinder widerstandsfähig (resilient) werden und somit konstruktiv mit Belastungen und Krisen umgehen und diese bewältigen können.

Zusammengefasst lassen sich diese Aspekte folgenden übergeordneten Faktoren zuordnen:

- eine angemessene Selbst- und Fremdwahrnehmung (Wie sehe und fühle ich mich? Wie sehe ich andere? Wie fühlen sich Gefühle an und wie heißen diese? Wie sehen Gefühle bei anderen aus?)
- Selbststeuerungs- bzw. Selbstregulationsfähigkeit (Wie kann ich mich selbst beruhigen? Wie kann ich meine Emotionen kontrollieren (Impulskontrolle)? Wie kann ich mich innerlich „sammmeln", um Aufgaben gezielt anzugehen?)
- positiv realistische Selbstwirksamkeitserwartungen (Hat mein Handeln Erfolg? Macht mein Handeln Sinn? Wann ist es angemessen, Effekte und Ereignisse auf sich zu beziehen?)
- soziale Kompetenzen (Wie kann ich mit anderen umgehen? Wie knüpfe ich Kontakt? Wie kann ich Distanz halten? Wie kann ich mir Unterstützung holen? Wie kann ich mich angemessen selbst behaupten?)
- Umgang mit Stress (Wie kann ich entspannen? Wie kann ich mich erholen? Was ist Stress?)
- Problemlösefähigkeit (Welche Möglichkeiten habe ich, um zum Ziel zu kommen? Wie setze ich mir realistische Ziele und entwickle alternative Lösungsmöglichkeiten? Wie finde ich Lösungen?)

Diese Faktoren sind dabei jedoch nicht losgelöst und abgegrenzt voneinander zu betrachten, sondern sie sind eng miteinander verbunden. So ist die Fähigkeit zur Selbst- und Fremdwahrnehmung ebenso wie eine gute Selbststeuerungsfähigkeit eine Voraussetzung zum Aufbau sozialer Kompetenzen; Selbststeuerung ist ebenfalls beim Problemlösen von Bedeutung – oft gilt es hierbei ruhig zu bleiben und einen „kühlen Kopf" zu bewahren. Ein hoher Selbstwert verbessert eine angemessene, vollständige Wahrnehmung von sich und anderen Personen; andererseits führt das erfolgreiche Lösen von Problemen oder der erfolgreiche Einsatz sozialer Kompetenzen im Kontakt mit anderen zu einer Erhöhung des Selbstwirksamkeitserlebens und zum Aufbau entsprechender Erwartungen. Die Aufzählung über diese Zusammenhänge ließe sich beliebig fortsetzen – es soll deutlich werden, dass es sich bei den Faktoren, die im Folgenden ausführlich dargestellt werden, nicht um voneinander unabhängige Konstrukte handelt. Eine getrennte Betrachtung ist aus analytischen Gründen sinnvoll, wird aber der Komplexität des Seelenlebens nur ansatzweise gerecht.

Möchte man nun ein Kind dabei unterstützten, dass es lernt, mit verschiedenen Schwierigkeiten und Belastungen zurechtzukommen und Anforderungen erfolgreich zu bewältigen, ist es unerlässlich, dass nicht nur einer der oben genannten Faktoren gefördert wird, sondern dass diese ganzheitlich angesprochen werden.

4. Input und Plenum: Wie kann ich mein Kind konkret unterstützen? (Handout zur sechsten Einheit)

Im Folgenden werden zu jedem Faktor ein oder zwei Übungen kurz vorgestellt; mehrere Übungen würden den Zeitrahmen sprengen. Die Teilnehmerinnen können jedoch, wenn sie gerne mehr zu den Übungen erfahren möchten und auch gerne noch mehrere kennenlernen möchten, diese in dem Buch „Prävention und Resilienzförderung in Kindertageseinrichtungen – PRiK" (Fröhlich-Gildhoff et al. 2007a) ergänzend nachlesen.

Wie bereits in der Vorbemerkung beschrieben, ist es sinnvoll, die Teilnehmerinnen mit einzubeziehen, um zu lange Monologe der Kursleiterinnen zu vermeiden. Diese können von eigenen Erfahrungen zu schon bekannten Übungen berichten, es kann aber auch gemeinsam nach neuen Möglichkeiten gesucht bzw. es können welche „erfunden" werden.

Übungen zu Selbst- und Fremdwahrnehmung

Eine Grundvoraussetzung, damit Kinder Gefühle kennen- und zuzuordnen lernen, ist die Vorbildfunktion der Erwachsenen. Wenn Eltern eigene Gefühle dem Kind gegenüber klar benennen und im Alltag ihre Gefühle nicht verbergen, kann sich das Kind diese „abschauen" und einen Zusammenhang herstellen. Dabei ist von großer Bedeutung, dass der Gesichtsausdruck zu dem Gefühl passt, das ich dem Kind mitteilen will. Stimmt dies nicht überein, wird dem Kind eine Doppelbotschaft übermittelt, und es kann die Mimik nicht mit dem richtigen Gefühl zusammenbringen. Unterstützt wird das Kind auch, wenn es in seinen eigenen Gefühlen „gespiegelt" wird, d. h. ihm seine Gefühle und sein Gefühlsausdruck bewusst gemacht werden (z. B. „Du bist wohl richtig wütend, auf deiner Stirn ist eine dicke Falte und deine Augenbrauen sind ganz zusammengezogen"). Hilfreich kann es hier sein, sich gemeinsam vor den Spiegel zu stellen und verschiedene Gesichtsausdrücke auszuprobieren und dann zu benennen. Eine gute Möglichkeit ist auch das Basteln einer Gefühlsuhr.

Gefühlsuhr (siehe Kopiervorlage 6):

Auf der Gefühlsuhr sind sieben verschiedene Gesichter zu sehen, die jeweils ein anderes Gefühl zeigen. Damit können dem Kind die verschiedenen Gefühle deutlich gemacht und erklärt werden. Das Kind soll erst einmal beschreiben, was es darauf alles sieht und dann überlegen, was das denn sein könnte. Dann kann man die Bedeutung der Uhr erklären:

„Die Gefühlsuhr zeigt immer an, wie es dir gerade geht, und wie du dich fühlst, also z. B. ob du traurig bist oder so ärgerlich, dass dir die Haare zu Berge stehen, oder ob du ganz müde oder richtig fröhlich bist etc. Dass heißt, du könntest den Zeiger der Uhr immer auf das Gesicht drehen, welches zeigt, wie du dich gerade fühlst. Dann können alle, die an der Uhr vorbeilaufen (z. B. deine Eltern oder deine Geschwister) sehen: Oh, heute geht es dir so oder so.“

Anschließend kann man die Gesichter auf der Uhr nachahmen. Dann wird überlegt, wo die Uhr zu Hause am besten aufgehängt werden kann (an der Zimmertür, am Kühlschrank, neben dem Bett etc). Um ins Gespräch über Gefühle zu kommen oder mehr zu erklären, eignet sich auch die Geschichte vom Seelenvogel.

Der Seelenvogel (Snunit 1991):

Die Geschichte erzählt sehr anschaulich, wo die Gefühle herkommen, wo sie sitzen und wie sie sich anfühlen. Nachdem man die Geschichte vorgelesen hat, kann das Kind seinen eigenen Seelenvogel malen, und es besteht die Möglichkeit, die individuellen Gefühle und ihre Hintergründe anzusprechen.

Übung zur Selbststeuerungs- bzw. Selbstregulationsfähigkeit

Das Kind soll lernen, mit Gefühlen (z. B. Ärger, Enttäuschung und Wut) umzugehen und Schritte lernen, sich dabei selbst zu steuern bzw. zu beeinflussen. Dabei kann es dem Kind helfen, wenn Regeln oder Signale eingeführt werden, die es zum lauten Denken auffordern.

Signalkärtchen (Kopiervorlage 7):

Mit Signalkärtchen ist es möglich, angespannte Situationen zu unterbrechen und so Impulse zu regulieren. Solche Signalkärtchen können beispielsweise Stoppschilder, eine „Stopp-Hand“ oder Ampel-Kärtchen sein. Diese Kärtchen werden zusammen mit den Kindern gebastelt und ihnen nachvollziehbar erklärt:

„Wenn ich als Mama/Papa merke, dass du richtig sauer wirst oder gar schon bist, dann zeige ich dir die rote Ampel. Umgekehrt kannst auch du mir die Ampel zeigen, wenn du merkst, dass ich sauer oder wütend werde. Der, der die Ampel gezeigt bekommt, hört dann erst mal mit allem auf und denkt einen Moment nach. Dafür nimmt er sich die gelbe Ampel und überlegt, was man mit der Situation machen kann. So hat man dann auch Zeit, wieder ruhig zu werden. Und wenn man eine Lösung hat und/oder sich beruhigt hat, dann kann man den anderen die grüne Ampel zeigen. Wenn man merkt, dass man gerade richtig wütend ist, kann man sich auch selbst die Karten holen (wenn gerade keine in der Nähe sind, tut man einfach so, als ob man welche hätte)."

Natürlich kann man diese Übungen auch ohne Karten machen, anschaulicher ist es aber mit ihnen.

Übung zur Erlangung von Selbstwirksamkeit

Damit das Kind lernt, Verhalten allgemein und Erfolge im Besonderen auf sich zu beziehen, ist es wichtig, das Kind zu loben. Dabei kommt es nicht nur darauf an, ein Verhalten global zu loben, sondern auch die kleinen Schritte dahin. So wird dem Kind bewusst, wie es sein Ziel erreicht hat. Außerdem sollte dabei darauf geachtet werden, genau zu benennen, was gut war (z. B. „Ich freue mich, dass ich in Ruhe telefonieren konnte, weil du so schön in deinem Zimmer gespielt hast"). Von großer Bedeutung ist, dass Kritik und Lob nicht miteinander vermischt werden (z. B. „Das ist aber ein tolles Bild. So ein schönes hättest du mal für Oma malen sollen und nicht nur so ein Gekritzel"). Eine schöne und einfache Möglichkeit bietet das Lobbuch.

Lobbuch:

Mit dem Kind wird zusammen überlegt, was es schon alles alleine kann, beispielsweise sich anziehen, die Jacke zumachen, Schaukeln, Rutschen, die Schuhe binden, Fahrrad (ohne Stützräder) fahren, schwimmen, den eigenen Namen schreiben, rechnen, das Haustier füttern, beim Kochen helfen etc. Da dies so viel ist, dass man es sich gar nicht merken kann, wird gemeinsam ein „Lobbuch" gestaltet: In dieses Büchlein kann dann immer alles von den Eltern geschrieben oder von dem Kind gemalt werden, was

- es schon kann,
- gerade zum ersten Mal geschafft hat,
- besonders schön gemacht hat,
- besonders gut kann,
- es auszeichnet (auch Charaktereigenschaften),
- es sich vorgenommen hat etc.

In dieses Lobbuch kann dann regelmäßig ein Eintrag gemacht werden. Hat das Kind einmal einen schlechten Tag und denkt, es gelingt ihm gar nichts, kann dieses Buch geholt und gemeinsam nachgeschaut werden, was es schon alles kann. Auch vor dem Schlafengehen ist es besonders schön, das Lobbuch noch einmal anzusehen.

Mutstein:

Der Mutstein ist eine Möglichkeit, das Thema Angst anzusprechen und Ängste zu bewältigen. Man sammelt mit dem Kind bei einem Spaziergang mehrere Steine. Während des Spazierganges kann man das Kind nach seinen Ängsten fragen und auch von den eigenen Ängsten erzählen, um deutlich zu machen, dass jeder Mensch Ängste hat – auch die Erwachsenen. Jedes Kind darf sich einen Stein aussuchen, der ihm besonders gut gefällt. Ihm wird dann erklärt, dass dies ein ganz besonderer Stein ist: ein Mutstein, der einem in Situationen, in denen man Angst hat, Kraft und Mut gibt. Dem Kind wird dann versichert, dass man daran allerdings fest glauben muss. Damit sich das Kind noch weiter mit dem Stein beschäftigt und sich diesen „zu eigen macht", kann es den Stein noch bunt anmalen.

Übungen zu sozialen Kompetenzen

Um die sozialen Kompetenzen eines Kindes zu verbessern, ist natürlich in erster Linie der Kontakt zu anderen ausschlaggebend. Das Kind soll lernen, Konflikte zu lösen und mit anderen zu kommunizieren. Auch hier haben Eltern wieder eine Vorbildfunktion. Der Umgang im Alltag miteinander, wie Eltern Konflikte untereinander lösen, und in wieweit Partnerschaftlichkeit eine Rolle spielt, trägt viel zum Verhalten von Kindern bei. Zu Hause können Kommunikationsregeln eingeführt werden, die das Kind wahrscheinlich auch aus dem Kindergarten kennt, wie etwa andere ausreden lassen oder gut zuhören. Spiele, bei denen man gemeinsam und nicht gegeneinander für etwas „kämpft", haben in der Regel auch einen hohen Effekt für die sozialen Kompetenzen; sie können beispielsweise bei Geburtstagsfesten gespielt werden.

Kooperationsspiel „Die Reise nach Bagdad":

Bei der „Reise nach Bagdad" gibt es ebenso wie bei der „Reise nach Jerusalem" so viele Stühle (oder Zeitungspapiere) wie Mitspieler. Während die Musik läuft, bewegen sich alle im Raum. Wenn die Musik aus ist, müssen alle auf einen Stuhl. Jedes Mal, wenn die Musik an ist, wird ein Stuhl entfernt. Im Gegensatz zu der „Reise nach Jerusalem" soll bei der „Reise nach Bagdad" aber niemand ausscheiden. Hat ein Kind keinen Platz auf einem

Stuhl, geht es zu einem anderen mit auf den Stuhl. Je weniger Stühle es werden, desto mehr Kinder müssen auf einem Stuhl irgendwie Platz finden. Ziel ist es, gemeinsam auf so wenigen Stühlen wie möglich Platz zu finden.

Kooperationsspiel „Die Nachteule":

Ein Kind bzw. ein Erwachsener spielt eine Nachteule, die sich am Tag verirrt hat. Ihm werden dazu, wenn es/er das möchte, die Augen verbunden. Da eine Nachteule tagsüber nichts sehen kann, muss sie durch genaue Anweisungen um mögliche Hindernisse herumgelotst werden, um zu ihrer Behausung zu kommen. Der Lotse sollte nach Möglichkeit bei seiner „Wegbeschreibung" die Nachteule nicht berühren. Hindernisse können Gegenstände und auch andere Mitspieler sein, die sitzen, liegen etc. Hat die Nachteule ihre Behausung erreicht, darf ein anderer Mitspieler die Nachteule bzw. deren Lotse sein. Dieses Spiel ist sowohl für die Nachteule als auch für den Lotsen eine große Herausforderung: Die Nacheule muss sich voll auf den Lotsen verlassen können (wenn der Lotse ein anderes Kind ist, sollten Erwachsene mit aufmerksam sein), und der Lotse muss sich in die blinde Eule hineinversetzen können. *Tipp*: Mit Kindern muss in der Regel zunächst geklärt werden, was eine Eule und was ein Lotse ist.

Übung zum Umgang mit Stress

Alle Kinder haben den Begriff „Stress" schon einmal gehört, was er genau bedeutet, ist aber in der Regel unklar. Will man Kinder darin unterstützen mit Stress besser umzugehen, ist es deshalb erforderlich, den Begriff vorab zu klären. Dies sollte sehr plastisch geschehen und mit Beispielen aus dem Alltag der Kinder erklärt werden. Es gibt dann viele Möglichkeiten, um Kinder zu entspannen. Das funktioniert nicht bei jedem Kind gleich. Die meisten Kinder brauchen viel Bewegung und allen tut es gut, draußen zu spielen und sich auszutoben. Bei Einschlafschwierigkeiten kann eine Fantasiereise helfen.

Fantasiereise „Papierschiffchen":

Um zu entspannen, können Fantasiereisen mit Kindern sehr wirkungsvoll sein. Dazu bastelt man zusammen mit dem Kind ein Papierschiff. Das Kind legt sich dann bequem auf den Rücken, und das Schiffchen wird auf seinen Bauch gesetzt. Es kann nun beobachten, wie das Schiffchen durch seine Atmung hoch- und runtergeht. Durch schnelles starkes Atmen kann auch mal ein kurzer „Orkan" hervorgerufen werden. Bei der Wiederholung dieser Übung können dann auch Fantasiereisen angehängt werden, zunächst kürzere und im Laufe der Zeit etwas länger werdende. Diese können wie folgt sein:

„Leg dich auf den Rücken, irgendwohin, wo du dich wohl und sicher fühlst. Deine Beine berühren sich nicht, deine Arme liegen locker neben deinem Oberkörper. Mach es dir so richtig gemütlich und leg das Papierschiffchen auf deinen Bauch. Du kannst die Augen zunächst noch offen halten. Stell dir jetzt vor, du bis ein blauer See, auf dem das Schiffchen schwimmt. Atme tief in deinen Bauch hinein … und wieder aus. Die Wellen gehen auf und ab. Du kannst an deinem Schiffchen beobachten, wie stark die Wellen sind: Je ruhiger du atmest, desto ruhiger wird dein Schiffchen. Vielleicht kannst du jetzt auch die Augen schließen und dir genau vorstellen, wie das Schiffchen auf den Wellen des Atems auf und nieder tanzt. Stell dir vor, dass du beim Ausatmen deine Angst und deinen Ärger ausatmest. Und beim Einatmen saugst du Kraft und Ruhe ein. Und das Schiffchen tanzt immer weiter auf dem blauen See. Das Schiffchen fährt jetzt langsam auf eine Insel zu, die mitten im See ist. Es fährt einmal um die Insel herum. Es ist eine schöne Insel. Sieh mal, was da alles auf der Insel ist. Langsam fährt das Schiffchen wieder weg und es tanzt wieder auf den Wellen. So, jetzt kannst du langsam die Augen aufmachen, dich räkeln, strecken und dich im Raum umsehen. Und jetzt stehst du langsam wieder auf.“

oder:

„Stell dir vor, du bist mit deinem Schiffchen auf einem schönen großen See. Du stehst als Kapitän auf deinem Schiffchen und betrachtest alles um dich herum. Da gibt es eine Menge zu sehen …“

Die Kinder können auch Varianten der Geschichte erzählen. Es kann auch zu Inselbesuchen, Sturm oder etwa Tauchausflügen kommen. Am Ende kommen die Kinder dann jedes Mal mit ihrem Schiffchen wieder am Ufer an, steigen aus und kommen zurück in die Gegenwart.

Problemlösen

Das Kind wird darin unterstützt, Probleme zu lösen, indem man ihm hilft, sich realistische und zu bewältigende Ziele zu setzen und ihm die Schritte dorthin verdeutlicht. Außerdem spielt auch hier das eigene Verhalten wieder eine große Rolle. Wie die Eltern mit Misserfolgen umgehen, ist Vorbild für das Kind. Das kann bei allen alltäglichen und kleinen Problemen eingeübt werden.

Puzzles:

Puzzles sind eine gute Möglichkeit, spielerisch die Problemlösefähigkeit zu üben. Beim Puzzlen können die Kinder durch Ausprobieren (richtig oder falsch), durch Ausschlussverfahren („Hier ist außen herum alles gelb und rot, also kann ich schon mal alle grünen und blauen ausschließen“) oder durch taktisches Überlegen („Es muss ein grades, rotes Teil mit einem Strich in der Mitte sein“) zum Ziel kommen.

Turmbauen:

Mit Bauklötzen können Türme gebaut werden, die beispielsweise besonders hoch sein sollen oder auch besonders schief. Es stellt sich das Problem, wie man ihn bauen kann, ohne dass er dabei umfällt und so möglichst stabil steht. Die Eltern können das Kind dabei gezielt unterstützen, indem sie es nicht nur durch Versuch und Irrtum probieren lassen, sondern das Kind ermutigen, darüber nachzudenken, welcher Baustein jetzt am besten wo hingehört. Die Eltern können mit dem Kind dann auch die Konsequenzen durchdenken, was passiert, wenn es den Baustein an einer bestimmten Stelle einfügt. So wird das Kind dazu angeregt, über sein Handeln nachzudenken.

5. Auswertungsbogen (siehe Kopiervorlage 8)

Jede Teilnehmerin erhält einen Auswertungsbogen zum Elternkurs, den sie in einer ruhigen Ecke im Raum für sich allein ausfüllen kann. Dieser Bogen dient nur der Auswertung, inwieweit Inhalte stimmig waren (u. ä.); der Bogen wird anonym ausgefüllt.

6. Abschlussrunde

In dieser letzten Abschlussrunde können die Teilnehmerinnen neben der Rückmeldung zur sechsten Einheit auch noch ein gesamtes Feedback zu dem Kurs geben und benennen, was sie alles mitnehmen und auch, was sie gerne „dalassen" möchten, bzw. was sie nicht angesprochen hat.

Anhang

Literatur

Adler, H. (2006): Förderung der Erziehungskompetenz – Methoden und Interventionen zur Stärkung elterlicher Kompetenzen und Fähigkeiten für die Erziehung. Zeitschrift für Psychotherapie in Psychiatrie, Psychotherapeutischer Medizin und Klinischer Psychologie 11, 1, 88–96

Ainsworth, M., Blehar, M., Wall, S. (1978): Patterns of Attachment. A Psychological Study of the Strange Situation. Erlbaum, Hillsdale, N. J.

Alt, C. (2006): Kindermund tut Wahrheit kund – Sozialberichterstattung aus Sicht der Kinder. DJI-Bulletin 77, 4, 4–7

Antonovsky, A. (1997): Salutogenese. DGVT, Tübingen

Armbruster, M. (2007): Mehr Elternkompetenz für Problemfamilien – Wie die Quadratur des Kreises gelingt. Verhaltenstherapie mit Kindern und Jugendlichen 3, 1, 19–26

Bandura, A. (1977): Social Learning Theory. Prentice-Hall, Englewoods Cliff, N. J.

– (1995): Self-Efficacy in Changing Societies. Cambridge University Press, Cambridge

– (1997): Self-Efficacy. Freeman, New York

Barrett, P., Webster, H., Turner, C. (2003): FREUNDE für Kinder. Gruppenleitermanual –Trainingsprogramm zur Prävention von Angst und Depression. Ernst Reinhardt, München/Basel

Bauer, U. (2005): Das Präventionsdilemma. Potentiale schulischer Kompetenzförderung im Spiegel sozialer Polarisierung. VS-Verlag für Sozialwissenschaften, Wiesbaden

–, Bittlingmayer, U. (2005): Wer profitiert von Elternbildung? Zeitschrift für Soziologie der Erziehung und Sozialisation 25, 3, 263–280

Beck, U., Beck-Gernsheim, E. (1994): Riskante Freiheiten. Individualisierung in modernen Gesellschaften. Suhrkamp, Frankfurt a. M.

Beebe, B., Lachmann, F. (2002): Säuglingsforschung und die Psychotherapie Erwachsener. Klett-Cotta, Stuttgart

Behn, S. (2006): Elterntrainings – Eine Übersicht. In: Unsere Jugend 11/12, 476–480

Bender, D., Lösel, F. (1997): Risiko- und Schutzfaktoren in der Genese und Bewältigung von Misshandlungen und Vernachlässigung. In: Egle, U. T., Hoffmann, S. O., Joraschky, P. (Hrsg.): Sexueller Missbrauch, Misshandlung, Vernachlässigung. Schatthauer, Stuttgart, 35–53

–, – (1998): Protektive Faktoren der psychisch gesunden Entwicklung junger Menschen: Ein Beitrag zur Kontroverse um saluto- und pathogenetische Ansätze. In:

Margraf, J., Siegrist, J., Neumer, S. (Hrsg.): Gesundheits- oder Krankheitstheorie? Saluto- vs. pathogenetische Ansätze im Gesundheitswesen. Springer, Berlin, 117–145

Beutler, L. E., Malik, M., Alimohamed, S., Harwood, T. M., Talebi, H., Noble, S., Wong, E. (2004): Therapist Variables. In: Lambert, M. J. (Hrsg.). Bergin and Garfield's Handbook of Psychotherapy and Behavior Change. 5. Aufl. Wiley, New York, 227–306

Brisch, K. H. (1999): Bindungsstörungen: Von der Bindungstheorie zur Therapie. Klett-Cotta, Stuttgart

Bundeskonferenz für Erziehungsberatung (BKE) (Hrsg.) (2006): Bedürfnisse der Kinder im Mittelpunkt. Kriterien zur Beurteilung von Elterntrainings. Informationen für Erziehungsberatungsstellen 1, 3–10

Bundesministerium für Gesundheit und Soziale Sicherung (BMGS) (Hrsg.) (2005): Lebenslagen in Deutschland. Der zweite Armuts- und Reichtumsbericht der Bundesregierung. Eigendruck, Berlin

Butollo, W., Gavranidou, M. (1999): Intervention nach traumatischen Ereignissen. In: Oerter, R., van Hagen, C., Röper, C., Noam, G. (Hrsg.): Klinische Entwicklungspsychologie. Ein Lehrbuch. Beltz, Weinheim, 459–477

Conger, R. D., Conger, K. J., Elder, G. H. Jr. (1997): Family Economic Hardship and Adolescent Adjustment: Mediating and Moderating Processes. In: Duncan, G., Brooks-Gunn, J. (Hrsg.): Consequences of Growing up Poor. Russell Sage, New York, 288–310

Dinkmeyer, D. C. (2004) : STEP – das Elternhandbuch, die ersten 6 Jahre. Beltz, Weinheim

Dornes, M. (1995): Der kompetente Säugling. Fischer, Frankfurt a. M.
– (1997): Die frühe Kindheit. Entwicklungspsychologie der ersten Lebensjahre. Fischer, Frankfurt a. M.
– (2000): Die emotionale Welt des Kindes. Fischer, Frankfurt a. M.

Döpfner, M., Schürmann, S., Frölich, J. (2002): Therapieprogramm für Kinder mit hyperkinetischem und oppositionellem Problemverhalten, THOP. Beltz, Psychologie-Verlags-Union, Weinheim

Duncan, G. J., Brooks-Gunn, J. (1997): Consequences of Growing up Poor. Russell Sage, New York

Ebner, S. (2007): Was ist prägender: Schicht oder Persönlichkeit? DJI-Bulletin 77, 4, 8

Erhart, M., Hölling, H., Schlack, R., Ravens-Sieberer, U. (2006). Verhaltensprobleme und -stärken. Bundesgesundheitsblatt – Gesundheitsforschung –Gesundheitsschutz 49, 1225–1232; www.kiggs.de/experten/downloads/dokumente/KiGGS_Bundesgesblatt_Abstracts_Ergebnisbroschuere.pdf (7.5.2007)

Faller, B. (2007): Elternkurse für schwer erreichbare Eltern. Unveröffentl. Diplomarbeit am Fachbereich Soziale Arbeit der EFH Freiburg

Feierabend, S., Klingler, W. (2004): Was Kinder sehen. Eine Analyse der Fernsehnutzung 3- bis 13-Jähriger 2003. Media Perspektiven 4, 151–179

Fooken, I. (2005): FAST (Families and Schools Together) – Ein Programm zur Stärkung von Kindern an der Schnittstelle zwischen Jugendhilfe, Schule und Familie. In: Bohn, I. (Hrsg.): Dokumentation der Fachtagung Resilienz – was Kinder aus armen Familien stark macht. Frankfurt. ISS-aktuell 2/2006, 47–60

Frick, J. (2003): Resilienz-Konsequenzen aus der Forschung für die Praxis. Kiga heute 9, 7–13

Frick, P. J., Christian, R. E., Wootton, J. M. (1999): Age Trends in the Association between Parenting Practices and Conduct Problems. Behaviour Modification 23, 106–128

Fried, L., Dippelhofer-Stiem, B., Honig, M.-S., Liegele, L. (2003): Pädagogik der frühen Kindheit. Beltz, Weinheim

Fröhlich-Gildhoff, K. (2005): Abschlussbericht der Evaluation des Projekts Stärkung der Erziehungskraft der Familie durch und über den Kindergarten. Evangelische Fachhochschule Freiburg. Unveröffentlichter Abschlussbericht. Evang. Fachhochschule Freiburg

– (2007): Verhaltensauffälligkeiten bei Kindern und Jugendlichen. Kohlhammer, Stuttgart

–, Dörner, T., Rönnau, M. (2007a): Prävention und Resilienzförderung in Kindertageseinrichtungen – PriK. Ernst Reinhardt, München/Basel

–, Engel, E.-M., Rönnau, M. (2005): Kinderbetreuung und Familienbildung (KiFa). Abschlussbericht der wissenschaftlichen Begleitung

–, Kraus-Gruner, G., Rönnau, M. (2006): Gemeinsam auf dem Weg. Eltern und ErzieherInnen gestalten Erziehungspartnerschaft. Kindergarten heute 10, 6–15

–, Rönnau, M., Dörner, T., Engel, E.-M., Kraus-Gruner, G. (2007b): Kinder Stärken! Resilienzförderung in der Kindertagesstätte unter systematischer Einbindung der Eltern. Prävention 30, 2, 55–60

Fthenakis, W. (Hrsg.) (2003): Elementarpädagogik nach Pisa. Herder, Freiburg i. Br.

Geier, B. (2006): Erziehungskompetenz: Der Wille zum Erfolg. DJI-Bulletin 77, 4, 14

Gesundheitsamt der Landeshauptstadt Düsseldorf (Hrsg.) (2003): Gesundheit und Familie, Familienbericht Düsseldorf. Stadt-Druckerei, Düsseldorf

Gisdakis, B. (2007): Oh, wie wohl ist mir in der Schule … Schulisches Wohlbefinden – Veränderungen und Einflussfaktoren im Lauf der Grundschulzeit. In: Alt, C. (Hrsg.): Kinderleben – Start in die Grundschule. VS-Verlag, Wiesbaden, 107–136

Gordon, T. (1993): Die neue Familienkonferenz. Heyne, München

– (2002): Familienkonferenz. 36. Aufl. Heyne, München

Grawe, K. (1998): Psychologische Therapie. Hogrefe, Göttingen/Bern

–, Grawe-Gerber, M. (1999): Ressourcenaktivierung – ein primäres Wirkprinzip der Psychotherapie. Psychotherapeut 44, 2, 63–73

Gregg, P., Harkness, S., Machin, S. (1999): Child Development and Family Income. Joseph Rowntree Foundation, New York

Grimm, K., Mackowiak, K. (2006): Kompetenztraining für Eltern sozial auffälliger und aufmerksamkeitsgestörter Kinder. Praxis der Kinderpsychologie und Kinderpsychiatrie 55, 5, 363–383

Grossmann, K., Grossmann, K. E. (2006): Bindungen – das Gefüge psychischer Sicherheit. Klett-Cotta, Stuttgart

Hagenah, U., Vloet, T. (2005): Psychoedukation für Eltern essgestörter Jugendlicher. Praxis der Kinderpsychologie und Kinderpsychiatrie 54, 5, 303–317

Hanisch, C., Plück, J., Meyer, N., Brix, G., Freund–Baier, I., Hautmann, C., Döpfner, M. (2006): Kurzzeiteffekte des indizierten Präventivprogramms für Expansives Problemverhalten (PEP) auf das elterliche Erziehungsverhalten und auf das kindliche Problemverhalten. Zeitschrift für Klinische Psychologie und Psychotherapie 35, 2, 117–126

Havighurst, R. J. (1982): Developmental Tasks and Education. Erstaufl. 1948. Longman, New York

Heinrichs, N., Hahlweg, K., Bertram, H., Kuschel, A., Naumann, A., Harstick, S. (2006a): Die langfristige Wirksamkeit eines Elterntrainings zur universellen Prävention kindlicher Verhaltensstörungen. Ergebnisse aus Sicht der Mütter und Väter. Zeitschrift für Klinische Psychologie und Psychotherapie 35, 2, 82–96

–, Krüger, S., Gruse, U. (2006b): Der Einfluss von Anreizen auf die Rekrutierung von Eltern und auf die Effektivität eines präventiven Elterntrainings. Zeitschrift für Klinische Psychologie und Psychotherapie 35, 2, 97–108

–, Saßmann, H., Hahlweg, K., Perrez, M. (2002): Prävention kindlicher Verhaltensstörungen. Psychologische Rundschau 53, 4, 170–183

HIPPY (Hrsg.); Kiefl, W. (1996): Bilanz eines Modellprojekts zur Integration von Aussiedler- und Ausländerfamilien in Deutschland. DJI, München

Honkanen-Schoberth, P. (2003): Starke Kinder brauchen starke Eltern. Der Elternkurs des Deutschen Kinderschutzbundes. DKSB, Berlin

Horst, C., Kulla, C., Maaß-Keibel, E., Raulfs, R., Mazzola, R. (2003): Kess erziehen – Elternhandbuch. Arbeitsgemeinschaft für katholische Familienbildung, Bonn

Hurrelmann, K. (2006): Einführung in die Sozialisationstheorie. Beltz, Weinheim

Ihle, W., Esser, G. (2002); Epidemiologie psychischer Störungen im Kindes- und Jugendalter: Prävalenz, Verlauf, Komorbidität und Geschlechtsunterschiede. Psychologische Rundschau 53, 4, 159–169

Kalicki, B. (2006): Ansätze der Familienbildung in Kindertageseinrichtungen. In: Textor, M. R. (Hrsg.): Erziehungs- und Bildungspartnerschaft mit Eltern. Herder, Freiburg i. Br., 122–134

Keupp, H. (1997): Ermutigung zum aufrechten Gang. DGVT, Tübingen

– (2005): Kinder (un-)erwünscht? Aufwachsen in einer Gesellschaft ohne einbettende Kulturen. Verhaltenstherapie und Psychosoziale Praxis 37, 2, 293–317

– (2006): Identitätskonstruktionen: Das Patchwork der Identitäten in der Spätmoderne. Rowohlt, Reinbek

Klann, N., Hahlweg, K., Janke, M., Kröger, C. (2000): Beratungsstellen als Seismographen für Veränderungen in der Gesellschaft. Katholische Bundesarbeitsgemeinschaft für Beratung e. V. (Hrsg.): Katholische Bundesarbeitsgemeinschaft für Beratung e. V., Bonn

Krahé, B. (2001): The Social Psychology of Aggression. Psychology Press, Philadelphia

Krok, I. (2006). Wann fühlen sich Kinder in der Schule wohl? DJI Kinderpanel: Schulisches Wohlbefinden in der Grundschule. DJI Bulletin 77, 4, 10

Lachmann, F. M. (2004): Aggression verstehen und verändern. Pfeiffer bei Klett-Cotta, Stuttgart

Lambert, M. J. (2004): Bergin and Garfield's Handbook of Psychotherapy and Behavior Change. 5. Aufl. Wiley, New York

Laucht, M., Schmidt, M. H., Esser, G. (2000): Risiko- und Schutzfaktoren in der Entwicklung von Kindern und Jugendlichen. Frühförderung interdisziplinär 19, 3, 97–108

Lauth, G.-W., Heubeck, G. (2005): Kompetenztraining für Eltern sozial auffälliger und aufmerksamkeitsgestörter Kinder – KES. Hogrefe, Göttingen

Lösel, F., Beelmann, A., Stemmler, M., Jaursch, S. (2004): Soziale Kompetenz für Kinder und Familien – die Erlangen-Nürnberger Studie. Universität Erlangen–Nürnberg

– (2006): Prävention von Problemen des Sozialverhaltens im Vorschulalter. Evaluation des Eltern- und Kindertrainings EFFEKT. Zeitschrift für Klinische Psychologie und Psychotherapie 35, 2, 127–139

Markie-Dadds, C., Sanders, M. R., Turner, K. M. (2002): Das Triple P Elternarbeitsbuch. Der Ratgeber zur positiven Erziehung mit praktischen Übungen. PAG Verlag für Psychotherapie, Münster

McDonald, L., Moberg, P. (2000): Families and Schools Together: FAST Strategies for Increasing Involvement of All Parents in School and Preventing Drug Abuse. In: Hansen, W. B., Giles, S. M., Farnow-Kennedy, M. D. (Hrsg.): Improving Prevention Effectiveness. Tanglewood Research, Greensboro, N. C., 235–250

Mersmann, H. (1998): Gesundheit von Schulanfängern – Auswirkungen sozialer Benachteiligungen. In: Bundeszentrale für gesundheitliche Aufklärung (Hrsg.): Gesundheit von Kindern – Epidemiologische Grundlagen. Bundeszentrale für gesundheitliche Aufklärung, Köln, 60–78

OECD (Hrsg.) (2001): Starting Strong. Early Childhood Education and Care. www1.oecd.org/publications/e-book/9101011e.pdf. (Zugriff: 15.3.2007)

– (2004). Die Politik der frühkindlichen Betreuung, Bildung und Erziehung in der Bundesrepublik Deutschland. Ein Länderbericht der Organisation für wirtschaftliche Zusammenarbeit und Entwicklung (OECD). www.bmfsfj.de/bmfsfj/generator/RedaktionBMFSFJ/Pressestelle/Pdf-Anlagen/oecd-studie-kinderbetreuung,property=pdf.pdf (Zugriff: 15.3.2007)

Olk, T. (2004): Kinder in der Armut. In: Deutsches Kinderhilfswerk (Hrsg.): Kinderreport Deutschland 2004. Daten, Fakten, Hintergründe. Kopaed, München, 21–40

Opp, G., Fingerle, M. (Hrsg.) (2007): Was Kinder stärkt: Erziehung zwischen Risiko und Resilienz. 2. Aufl. Ernst Reinhardt, München

Pagani, L., Boulerice, B., Tremblay, R. E. (1997): The Influence of Poverty on Children's Classroom Placement and Behaviour Problems. In: Duncan, G. J., Brooks-Gunn, J. (Hrsg.): Consequences of Growing up Poor. Russell Sage, New York, 311–339

Papoušek, M. (2004): Regulationsstörungen der frühen Kindheit: Klinische Evidenz für ein neues diagnostisches Konzept. In: Papou?ek, M., Schieche, M., Wurmser, H. (Hrsg.) (2004): Regulationsstörungen der frühen Kindheit. Huber, Bern/Göttingen/Toronto/Seattle, 77–110

Patterson, C. J., Kuperschmidt, J. B., Vaden, N. (1990): Income Level, Gender, Ethnicity and Household Composition as Predictors of Children's School-Based Competence. Child Development 61, 485–494

Petermann, F., Wiedebusch, S. (2003): Emotionale Kompetenz bei Kindern. Hogrefe, Göttingen

–, Niebank, K., Scheithauer, H. (2004): Entwicklungswissenschaft. Entwicklungspsychologie – Genetik – Neuropsychologie. Springer, Berlin

–, Petermann, U. (2006): Behavior Therapy with Aggressive Children and Adolescents. Peter Lang, Frankfurt a. M.

Plück, J., Döpfner, M., Lehmkuhl, G. (2000): Internalisierende Auffälligkeiten bei Kindern und Jugendlichen in Deutschland – Ergebnisse der PAK-KID-Studie. Kindheit und Entwicklung 9, 3, 133–142

Resch, F. (2005): Der Einfluss gesellschaftlicher Rahmenbedingungen auf die kindliche Entwicklung. In: Gebauer, K., Hüther, G. (Hrsg.): Kinder brauchen Wurzeln. Neue Perspektiven für eine gelingende Entwicklung. 2. Aufl. Walter, Düsseldorf, 90–106

Rotter, J. B. (1966): General Expectancies for Internal vs. External Control of Reinforcement. Psychological Monographs 80, 609

Schacht, M., Richter-Appelt, H., Schimmelmann, B. G. (2007): Der Fragebogen zur Eltern-Kind-Beziehung für Kinder: Grundlagen und erste Ergebnisse. Psychotherapie, Psychosomatik, Medizinische Psychologie 57, 3/4, 136–144

Scheithauer, H., Petermann, F. (2000): Die Ermittlung der Wirksamkeit und Effektivität psychotherapeutischer Interventionen: Eine internationale Bestandsaufnahme. Zeitschrift für Klinische Psychologie, Psychiatrie und Psychotherapie 48, 211–233

Schmidtchen, S. (2001): Allgemeine Psychotherapie für Kinder, Jugendliche und Familien. Ein Lehrbuch. Kohlhammer, Stuttgart/Berlin/Köln

Schneewind, K. A. (2002): Freiheit in Grenzen – Wege zu einer wachstumsorientierten Erziehung. In: Krüsselberg, H.-G., Reichmann, H. (Hrsg.): Zukunftsperspektive Familie und Wirtschaft. Vom Wert von Familie für Wirtschaft, Staat und Gesellschaft. Vektor, Grafschaft, 213–262

– (2005): „Priorität für die Familie" durch familiäre Prävention. In: J. Althammer (Hrsg.): Familienpolitik und soziale Sicherung. Springer, Berlin, 25–37

Schneider, S. (2007): Was bringen die Kinder von zu Hause in die Schule mit? DJI–Bulletin 77, 4, 12

Smith, J. R., Brooks–Gunn, J., Klevanov, P. K. (1997): Consequences of Living in Poverty for Young Children's Cognitive and Verbal Ability and Early School Achievement. In: Duncan, G. J., Brooks-Gunn, J. (Hrsg.): Consequences of Growing up Poor. Russell Sage Press, New York, 132–189

Smolka, A. (2006): Welchen Orientierungsbedarf haben Eltern? In: Wahl, K., Hees, K. (Hrsg.): Helfen „Super Nanny" & Co.? Ratlose Eltern – Herausforderung für die Elternbildung. Beltz, Weinheim, 44–58

Snunit, M. (1991): Der Seelenvogel. Carlsen, Hamburg

Spitzer, M. (2005): Vorsicht Bildschirm. Klett, Stuttgart

Springer, M. (2006): Elternbildung bei Familien mit Migrationserfahrung. In: Textor, M. R. (Hrsg.): Erziehungs- und Bildungspartnerschaft mit Eltern. Herder, Freiburg i. Br., 143–153

Statistisches Bundesamt (Hrsg.) (2006): Armut und Lebensbedingungen. Eigendruck, Wiesbaden

Stern, D. N. (1992): Die Lebenserfahrung des Säuglings. Klett-Cotta, Stuttgart

– (1995): Die Repräsentation von Beziehungsmustern, entwicklungspsychologische Betrachtung. In: Petzold, R. (Hrsg.): Die Kraft liebevoller Blicke. Psychotherapie und Babyforschung. Bd. 2. Junfermann, Paderborn, 139–219

Stormshak, E. A., Bierman, K. L., McMahon, R. J., Lengua, L. J., Conduct Problems Prevention Research Group (2000): Parenting Practices and Child Disruptive Behaviour Problems in Early Elementary School. Journal of Clinical Psychology 29, 17–29

Tausch, R., Tausch A.-M. (1998): Erziehungs-Psychologie: Begegnung von Person zu Person: Hogrefe, Göttingen/Bern/Toronto/Seattle

Textor, M. R. (2005): Elternarbeit im Kindergarten. Ziele, Formen, Methoden. BoD, Norderstedt

– (2006a): Einleitung: Die Zusammenarbeit mit Eltern aus der Perspektive der Erziehungs- und Bildungspläne der Länder. In: Textor, M. R. (Hrsg.): Erziehungs- und Bildungspartnerschaft mit Eltern. Gemeinsam Verantwortung übernehmen. Herder, Freiburg i. Br., 33

– (2006b): Die Zusammenarbeit mit Eltern – Formen und Angebote. In: Textor, M. R. (Hrsg.): Erziehungs- und Bildungspartnerschaft mit Eltern. Gemeinsam Verantwortung übernehmen. Herder, Freiburg i. Br., 34–63

– (o. J.): Erziehungspartnerschaft – notwendig zum Wohle des Kindes. www.kindergartenpaedagogik.de/988.html (Zugriff: 4.3.2008)

Traub, A. (2006): Freunde und Freundinnen – wichtig zum Wohlfühlen und Lernen. DJI–Bulletin 77, 4, 9

Tschöpe-Scheffler, S. (2002): Fünf Säulen der Erziehung. Wege zu einem entwicklungsfördernden Miteinander von Erwachsenen und Kindern. Grünewald, Mainz

– (2003): Elternkurse auf dem Prüfstand. Wie Erziehung wieder Freude macht. Leske + Brudrich, Opladen

– (2004): Elternkurse im Vergleich – Menschenbilder, Inhalte, Methoden. TPS 4, 8–13

– (Hrsg.) (2006): Konzepte der Elternbildung – Eine kritische Übersicht. 2. Aufl. Leske + Budrich, Opladen

Wahl, K., Alt, C., Hoops, S., Sann, A., Thrum, K. (2006): Elterliche Erziehungskompetenz: Auskünfte aus empirischen Studien. In: Wahl, K., Hees, K. (Hrsg.): Helfen „Super Nanny" & Co.? Ratlose Eltern – Herausforderung für die Elternbildung. Beltz, Weinheim, 31–43

–, Sann, A. (2006): Resümee und Ausblick: Welche Kriterien sollten kompetente Angebote der Elternbildung erfüllen? In: Wahl, K., Hees, K. (Hrsg.): Helfen „Super Nanny" & Co.? Ratlose Eltern – Herausforderung für die Elternbildung.Beltz, Weinheim, 139–154

Walker, D., Greenwood, Ch., Hart, B., Carta, J. (1994): Predicition of School Outcomes Based on Early Language Production and Socioeconomic Factors. Child Development 65, 606–621

Walper, S. (2006): Was die Wissenschaft über Erziehung weiß. In: Wahl, K., Hees, K. (Hrsg.): Helfen „Super Nanny" & Co.? Ratlose Eltern – Herausforderung für die Elternbildung. Beltz, Weinheim, 22–30

Warnke, A., Beck, N., Hemminger, U. (2001): Elterntrainings. In: Borg–Laufs, M. (Hrsg.): Verhaltenstherapie mit Kindern und Jugendlichen. Ein Lehrbuch. Bd. 2: Interventionsmethoden. DGVT, Tübingen, 631–656

Weikart, D. P., Schweinhart, L. J. (1997): High/Scope Perry Pre-School Program. In: Albee, G. W., Gullotta, T. B. (Hrsg.): Primary Prevention Works. Thousand Oaks, London, 146–166

Werner, E. E. (2007): Entwicklung zwischen Risiko und Resilienz. In Opp, G., Fingerle, M. (Hrsg.): Was Kinder stärkt: Erziehung zwischen Risiko und Resilienz. Ernst Reinhardt, München/Basel, 20–31

Wustmann, C. (2003): Was Kinder stärkt – Ergebnisse der Resilienzforschung und ihre Bedeutung für die pädagogische Praxis. In: Fthenakis, W. E. (Hrsg.): Elementarpädagogik nach PISA. Wie aus Kindertagesstätten Bildungseinrichtungen werden können. Herder, Freiburg i. Br., 106–135
– (2004): Resilienz. Widerstandsfähigkeit von Kindern in Tageseinrichtungen fördern. Beltz, Weinheim
Züchner, I. (2006): Kinder in Deutschland – arm dran. Ergebnisse der Armutsforschung. DJI-Bulletin 77, 4, 15

Übersicht der Einheiten

1. Was kann Kindern helfen, sich gesund zu entwickeln?

2. Kindliches Verhalten, Entwicklung und Beobachtung

3. (Über-)Leben als Eltern

4. Miteinander leben I –
   Regeln, Grenzen und Konflikte

5. Miteinander leben II –
   gelingende Freizeitbeschäftigung

6. Wie kann ich mein Kind unterstützen, damit es auch
   Krisen und Belastungen meistern kann?

Fröhlich-Gildhoff, Rönnau, Dörner: Eltern stärken mit Kursen in Kitas   © 2008 by Ernst Reinhardt Verlag, GmbH und Co KG, Verlag, München

Fröhlich-Gildhoff, Rönnau, Dörner: Eltern stärken mit Kursen in Kitas

	Das ist gut gelungen:
Montag	
Dienstag	
Mittwoch	
Donnerstag	
Freitag	
Samstag	
Sonntag	

Fröhlich-Gildhoff, Rönnau, Dörner: Eltern stärken mit Kursen in Kitas   © 2008 by Ernst Reinhardt Verlag, GmbH und Co KG, Verlag, München

Zeitkuchen

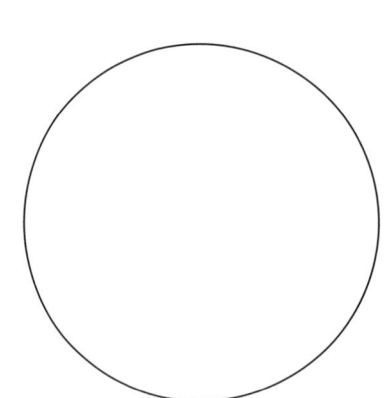

Wirklichkeit   **Wunsch**

So viel Zeit verbringe ich …

(1) … mit meinem Kind/meinen Kindern

(2) … mit der Arbeit außer Haus (Beruf)

(3) … mit der Hausarbeit

(4) … mit dem Partner/der Partnerin

(5) … für Hobby(s)

(6) … für mich ganz allein (ohne Verein o. ä.)

Fröhlich-Gildhoff, Rönnau, Dörner: Eltern stärken mit Kursen in Kitas   © 2008 by Ernst Reinhardt Verlag, GmbH und Co KG, Verlag, München

Fragebogen zur Einschätzung der eigenen Zufriedenheit

	Stimmt gar nicht ganz
1. Ich habe ausreichend Freiräume für mich ganz persönlich	1 …….. 2 …….. 3 …….. 4 ……….. 5 …….. 6 …….. 7
2. Ich habe Spaß am Erziehen	1 …….. 2 …….. 3 …….. 4 ……….. 5 …….. 6 …….. 7
3. Mein(e) PartnerIn und ich haben genügend Zeit und Freiraum als Paar	1 …….. 2 …….. 3 …….. 4 ……….. 5 …….. 6 …….. 7
4. Ich habe genügend Menschen, die mich unterstützen	1 …….. 2 …….. 3 …….. 4 ……….. 5 …….. 6 …….. 7
5. Ich habe genügend Einfluss darauf, wie mein Leben verläuft	1 …….. 2 …….. 3 …….. 4 ……….. 5 …….. 6 …….. 7
6. Ich habe genügend Freude im Alltag	1 …….. 2 …….. 3 …….. 4 ……….. 5 …….. 6 …….. 7
7. Ich fühle mich meistens sicher in der Erziehung meines Kindes	1 …….. 2 …….. 3 …….. 4 ……….. 5 …….. 6 …….. 7

© 2008 by Ernst Reinhardt Verlag, GmbH und Co KG, Verlag, München

Fröhlich-Gildhoff, Rönnau, Dörner: Eltern stärken mit Kursen in Kitas

Fröhlich-Gildhoff, Rönnau, Dörner: Eltern stärken mit Kursen in Kitas

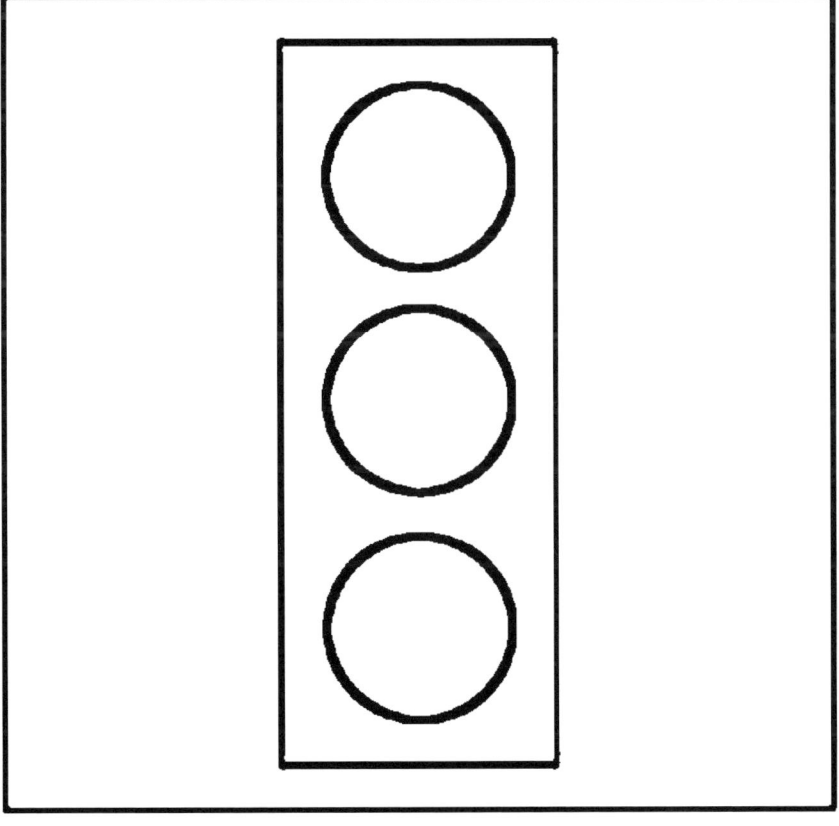

Fröhlich-Gildhoff, Rönnau, Dörner: Eltern stärken mit Kursen in Kitas   © 2008 by Ernst Reinhardt Verlag, GmbH und Co KG, Verlag, München

Auswertungsfragebogen zum Elternkurs

Geschlecht: ❏ weiblich ❏ männlich   Alter: _____

Anzahl der Kinder: _____   Alter der Kinder: _____

1. Mit welcher Motivation sind Sie zum Elternkurs gekommen?

_____

_____

_____

2. Haben Sie aus dem Kurs neue praktische Anregungen mitnehmen können?

ja ❏   nein ❏

Wenn ja, können Sie welche benennen? _____

_____

_____

3. Gibt es etwas, das sich seit dem Kurs verändert hat?

ja ❏   nein ❏

Wenn ja, was ist Ihnen aufgefallen? _____

_____

_____

4. Haben Sie das Gefühl, Ihre eigenen Bedürfnisse seit dem Kurs besser wahrnehmen und umsetzen zu können?

❏   ❏   ❏   ❏

ja, sehr viel besser   ja, besser   ja, ein bisschen   nein, gar nicht

5. Wie sicher fühlen Sie sich in Ihrer Rolle als Eltern?

sicher .... nicht sicher

Vor dem Kurs:	1	2	3	4	5	6
Nach dem Kurs:	1	2	3	4	5	6

Bemerkungen: _____

_____

_____

© 2008 by Ernst Reinhardt Verlag, GmbH und Co KG, Verlag, München

Fröhlich-Gildhoff, Rönnau, Dörner: Eltern stärken mit Kursen in Kitas

6. Nehmen Sie Ihr Kind seit Kursbeginn anders wahr?

   ☐   ☐   ☐

   ja   teilweise   nein

   Bemerkungen: _____

   _____

7. Haben Sie das Gefühl, dass sich die Beziehung zu Ihrem Kind verändert hat?

   ☐   ☐   ☐

   ja   teilweise   nein

   Bemerkungen: _____

   _____

8. Hat Sie der Kurs dazu ermutigt, in Zukunft mit anderen Eltern mehr in Kontakt zu treten?

   ja ☐   nein ☐

   Bemerkungen: _____

   _____

9. Wie empfanden Sie die Atmosphäre/Stimmung innerhalb des Kurses?

   ☐   ☐   ☐   ☐

   sehr gut   gut   weniger gut   schlecht

10. Wie empfanden Sie die Zusammenarbeit mit den anderen Eltern?

    (Mehrfachnennung möglich)

    ☐ hilfreich   ☐ anregend   ☐ ermutigend

    ☐ hemmend   ☐ anstrengend   ☐ störend

    ☐ Sonstiges:

    _____

    _____

    _____

11. Wurden Ihre Erwartungen an den Kurs erfüllt?

    ☐   ☐   ☐

    ja   teilweise   nein

© 2008 by Ernst Reinhardt Verlag, GmbH und Co KG, Verlag, München

Fröhlich-Gildhoff, Rönnau, Dörner: Eltern stärken mit Kursen in Kitas

12. Was hätten Sie sich noch gewünscht?

▪ Vom Inhalt: ☐ mehr Theorie ☐ weniger Theorie

☐ mehr praktische Beispiele ☐ weniger praktische Beispiele

Bemerkungen: _____

_____

▪ Vom Kursleiter/von der Kursleiterin: _____

_____

_____

13. Was hat Ihnen gefallen?

_____

_____

14. Fanden Sie die Anzahl der Kurseinheiten (6 Treffen)

☐　　　　　☐　　　　　☐

genau richtig　　zu wenig　　zu viel

15. Würden Sie den Kurs weiterempfehlen?

ja ☐　　　vielleicht ☐　　　nein ☐

16. Gibt es etwas, das Sie noch anmerken möchten?

_____

_____

© 2008 by Ernst Reinhardt Verlag, GmbH und Co KG, Verlag, München

Fröhlich-Gildhoff, Rönnau, Dörner: Eltern stärken mit Kursen in Kitas

Handout zur 1. Einheit: Was kann Kindern helfen ...?

1. Was versteht man unter „Resilienz"?

Mit dem Wort „Resilienz" wird die geistige und körperliche Widerstandkraft und Stabilität von Kindern gegenüber verschiedenen Einflüssen beschrieben.

In der Entwicklung von Kindern kann es mögliche „Entwicklungsrisiken" geben (z. B. Verlust des gewohnten Umfeldes durch Umzug, Verlust einer Bezugsperson durch Scheidung oder Todesfall, Tod eines Haustieres, schwere Krankheitsfälle oder Behinderungen von Familienmitgliedern, Erfahrung oder Miterleben von körperlicher oder seelischer Gewalt, Arbeitslosigkeit und Existenzängste der Eltern etc.).

Kinder können in dem andauernden Prozess ihrer Entwicklung Fähigkeiten und Stärken erwerben, die sie unterstützen und ihnen dabei helfen, mit schwierigen und belastenden Situationen umzugehen, diese erfolgreich zu bewältigen und ihr eigenes Leben aktiv mitzugestalten. In diesem Prozess der Entwicklung zu einem „resilienten", also starken, aktiven und fähigen Menschen, ist eine aktive, zielgerichtete Begleitung und Unterstützung durch Bezugspersonen (Eltern, Verwandte, Nachbarn, ErieherInnen, Freunde) sehr wichtig und hilfreich.

Der Grundgedanke des Projekts beinhaltet aber vor allem auch einen Wechsel der Sichtweise: Es sollen nicht nur Kinder mit ungünstigen Entwicklungsbedingungen ausfindig gemacht und unterstützt werden, sondern Ziel ist es, alle Kinder im Hinblick auf zukünftige Belastungssituationen noch stärker zu machen!

2. Was kann Kindern helfen, sich gesund zu entwickeln?

Alle Eltern wollen das Beste für ihr Kind. Und jedes Kind ist anders! Aus diesem Grund gibt es kein „Patentrezept" für die gesunde Entwicklung. Um jedoch die Gesundheit eines Kindes zu unterstützen und zu fördern, sind folgende Ansatzpunkte von Bedeutung: die Befriedigung kindlicher Bedürfnisse sowie kindgerechte Anforderungen.

Befriedigung körperlicher Grundbedürfnisse:

- *Schlaf:* Es ist wichtig, den Kindern die Möglichkeit zu geben, regelmäßig, ausreichend und ungestört schlafen zu können.
- *Nahrung:* Eine regelmäßige und ausgewogene Ernährung ist für eine gesunde Entwicklung notwendig.

- *Bewegung:* Kinder brauchen ausreichend Platz und Zeit, um sich austoben zu können.

Befriedigung weiterer Bedürfnisse:

- *Bindungsbedürfnis:* Kinder haben ein starkes Bedürfnis nach Bindung und Nähe (sich aufgehoben und geborgen fühlen, Wissen um die Erreichbarkeit und Verlässlichkeit der Bezugsperson, Körperkontakt, regelmäßige Situationen für Gemeinsamkeit und Zusammengehörigkeit, z. B. feste gemeinsame Essens- und Spielzeiten).
- *Bedürfnis nach Beachtung, Wertschätzung und Zuneigung:* Kinder möchten mit ihren Bedürfnissen wahrgenommen und geliebt werden.
- *Bedürfnis nach Orientierung und Sicherheit:* geordnete Abläufe und Regelmäßigkeit des Alltags, Regeln, Grenzen und angemessene Konsequenzen, berechenbares und vorhersehbares Verhalten von Bezugspersonen
- *Bedürfnis, die Welt zu erforschen:* Kinder wollen die Welt entdecken, untersuchen, kennenlernen und ihren Wissendurst stillen; zu wenig Abwechslung führt zu Langeweile.
- *Bedürfnis nach Selbstverwirklichung:* kennzeichnet den Wunsch, die eigenen Fähigkeiten und Stärken zu entwickeln und gemäß dem eigenen Temperament und den eigenen Bedürfnissen leben zu können

Kindgerechte Anforderungen:

- Anforderungen an die Kinder müssen so gestellt sein, dass sie auch zu bewältigen sind (Mittelweg zwischen Über- und Unterforderung, erlebbare Erfolge)
- Raum für Spontanität lassen
- Anregungen geben, ermutigen und motivieren
- Stärkung der positiven Seiten bzw. Stärken der Kinder

Kinder entwickeln sich in ihrem eigenen Tempo. Sie helfen Ihrem Kind, indem Sie dieses ihm eigene Tempo bei der Entwicklung respektieren.

> Anstatt sich in einer bestimmten Situation z. B. darüber zu ärgern, dass ein Kind quengelt, kann die Aufmerksamkeit auf die Ursache des Quengelns gerichtet werden, d. h. es gilt herauszufinden, welche seiner Bedürfnisse möglicherweise gerade zu kurz kommen. Dieser Blickwinkel ermöglicht einen lösungsorientierten Umgang mit der Situation.

© 2008 by Ernst Reinhardt Verlag, GmbH und Co KG, Verlag, München

Fröhlich-Gildhoff, Rönnau, Dörner: Eltern stärken mit Kursen in Kitas

Handout zur 2. Einheit: Kindliches Verhalten, Entwicklung und Beobachtung

Kinder sind unterschiedlich! Jedes Kind kommt mit unterschiedlichen Voraussetzungen auf die Welt und trifft auf seine besondere Umgebung.
Grundsätzlich aber gilt:

▪ Kinder sind von der ersten Lebensminute an aktive und soziale Wesen.
▪ Sie wollen Beziehungen zu ihren Eltern und anderen Menschen aufnehmen und sind dafür schon von Geburt an ausgestattet.
▪ Sie wollen die Welt erforschen und verstehen.

▪ Sie wollen ihre Fähigkeiten und Fertigkeiten weiterentwickeln und erproben.
▪ Sie sind bestrebt, eine „innere Ordnung" in ihrer Seele zu bilden und aufrechtzuerhalten.

„Entwicklungstabellen" wie die folgende sind immer mit Vorbehalt zu betrachten: Sie geben eine Orientierung und beschreiben Entwicklungsthemen, doch sie stellen keine Norm dar. Die folgende Tabelle wurde aus verschiedenen Büchern zur Entwicklungspsychologie zusammengestellt.

Alter	Emotionale und soziale Entwicklung (Gefühle und Kontakt)	Kognitive und motorische Entwicklung (Geist und Körper)
Der aktive und fähige Säugling		
3 Monate → Thema: Vertrauen, Befriedigung der Grundbedürfnisse (Essen, Schlafen, Wärme und Nähe)	▪ lächelt als Reaktion auf andere; zeigt Anzeichen von Stress, Freude, Aufregung und Langeweile ▪ beginnt zunehmend deutlicher, fremde von vertrauten Stimmen, Gerüchen usw. zu unterscheiden ▪ lernt seinen persönlicher Einfluss kennen, z. B. die Wirkung von Schreien und Weinen ▪ entwickelt Urvertrauen	▪ kann den Kopf halten, greift und beginnt zu halten, gibt Laute von sich ▪ sucht nach einem Geräusch mit den Augen ▪ entwickelt langsam eine Routine beim Essen und Schlafen
3–6 Monate → Thema: Aufbau von Beziehungen	▪ beeinflusst seine Umgebung durch körperliche Beweglichkeit und Bewegung ▪ fixiert ein bewegtes Gesicht ▪ beantwortet Blicke mit Lächeln oder freundlichen Lauten ▪ drückt zunehmend deutlicher seine Bedürfnisse aus ▪ zeigt, wenn ihm langweilig ist	▪ kann Gegenstände greifen, packt plötzlich Gegenstände und greift mit der ganzen Hand ▪ dreht sich von einer Seite auf die andere ▪ erkennt bekannte Objekte ▪ beginnt zu „verstehen", dass Dinge außerhalb seiner Wahrnehmung nicht aufgehört haben zu existieren
6–9 Monate → Thema: enge Beziehung zu seinen Eltern, „Fremdeln"	▪ erkennt erste Zusammenhänge von Ursache und Wirkung ▪ kann Wirkung eigenen Handelns „erfassen" ▪ reagiert auf sein Spiegelbild ▪ wird unabhängiger; ahmt Verhalten nach ▪ erkennt die Gefühle von anderen (weint bzw. lacht, wenn andere Kinder weinen bzw. lachen) ▪ „fremdelt"; ist manchmal ängstlich, vielleicht sogar bei Dingen, mit denen es vertraut ist	▪ krabbelt, sitzt, steht mit Unterstützung oder zieht sich an Gegenständen hoch ▪ benutzt den Daumen und die Finger, um kleine Dinge zu greifen; trinkt aus der Tasse ▪ erkennt den eigenen Namen und das Wort „nein" ▪ kann Gegenstände von einer Hand in die andere übergeben ▪ beginnt gezielt Laute von sich zu geben
9–12 Monate → Thema: „testet" die Reaktionen/ Folgen auf seine Handlungen	▪ verstärkte Wahrnehmung der Folgen der eigenen Handlungen ▪ zeigt und erkennt Stimmungen; nimmt unausgesprochene Stimmungen wahr; ist oft liebevoll und bestimmter ▪ ahmt einfache Handlungen nach ▪ kann längere Zeit alleine spielen	▪ krabbelt z. B. die Treppe hinauf und hinunter; steht; ist besser im Zugreifen und Festhalten; ▪ kann mit dem Zeigefinger zeigen und einen Stift halten ▪ kooperiert oft beim Anziehen ▪ beginnt erste „Worte" zu sprechen (benennt Dinge/Menschen)

Alter	Emotionale und soziale Entwicklung (Gefühle und Kontakt)	Kognitive und motorische Entwicklung (Geist und Körper)
Der aktive und fähige Säugling		
1–2 Jahre → Thema: wird selbstständiger und entdeckt viel Neues; Laufen und Sprechen	▦ möchte deutlich unabhängiger sein, „alles selber können" – und braucht zugleich Schutz und Nähe ▦ lernt auf diese Weise zunehmend, sich zu vertrauen ▦ spielt neben anderen Kindern ▦ spielt mit erfundenen Gegenständen	▦ läuft (gewöhnlich mit 13–15 Mon.); geht auf Entdeckungsreisen ▦ leert Gefäße aus und füllt sie wieder; lässt Gegenstände fallen und wirft sie weg ▦ fängt an, alleine zu essen ▦ benutzt deutlichere Sprache, kann sich besser verständigen
Das Kleinkind		
2–3 Jahre → Thema: Selbstvertrauen, will viel wissen und kennenlernen (Warum-Phase); Sauberwerden, Kindergarten	▦ wird weiter unabhängiger – möchte Dinge auf eigene Art und Weise handhaben, aber möchte manchmal auch wieder ein Baby sein ▦ beginnt, sich leichter von der Bezugsperson zu trennen ▦ hilft gerne ▦ beginnt sich der eigenen Person bewusst zu werden ▦ beginnt sich im Spiel auf andere zu beziehen ▦ probiert aus, sich mit aggressivem Handeln durchzusetzen	▦ bewegt sich, ohne etwas umzuwerfen oder in etwas hineinzulaufen ▦ lernt Dreirad fahren ▦ spricht in Sätzen mit 2 bis 4 Worten; fragt „was?" und „warum?", da aus der Sicht des Kindes alles einen Zweck haben muss ▦ kann längere Zeit aufmerksam sein und kann sich erinnern ▦ kann Blase und Darm besser kontrollieren ▦ lernt zu warten, da es ein Gefühl für Vergangenheit, „jetzt" und „bald" bekommt
3–4 Jahre → Thema: Selbstständigkeit, will alles alleine machen	▦ bekommt ein Selbstverständnis dafür, wer es ist, beginnt von sich als „ich" zu sprechen ▦ Phase der Selbstständigkeit (Autonomie) das Kind versucht ein Gleichgewicht zu finden zwischen *Selbstständigkeit* und *Abhängigkeit* von seinen Bezugspersonen ▦ beginnt zu verstehen, dass es selbst seine Gedanken, Gefühle und Vorstellungen hervorruft und ihnen nicht passiv ausgeliefert ist = Entstehung des Selbstkonzeptes ▦ begreift, dass seine gefühlsmäßigen Handlungen gefühlsmäßige Folgen für andere haben und mit welchen Gefühlen es etwas bewirken kann ▦ macht bei Spielen und Aktivitäten besser mit ▦ ist gerne mit Gleichaltrigen zusammen; lernt, sich mit anderen abzuwechseln und zu teilen ▦ nicht nur die Beziehung zu der Hauptbezugsperson ist wichtig, sondern es kann zu mehreren Personen Beziehungen eingehen ▦ erkennt, dass seine Gefühle anders sind als die anderer Kinder ▦ möchte wie die Eltern sein ▦ begreift, dass es eigenständige Entscheidungen treffen kann, kann aber noch nicht übersehen, dass diese Entscheidungen auch Folgen haben	▦ ist besser koordiniert, malt einfache Figuren ▦ 4 von 5 Kindern sind trocken ▦ spricht gerne; hört gerne Geschichten ▦ erkennt Unterschiede zwischen den Geschlechtern ▦ wählt eigene Kleidung aus; zieht sich selbst an ▦ urteilendes, vorausschauendes Denken ▦ sucht nach Gemeinsamkeiten und Unterschieden ▦ egozentrische/ichbezogene Denkweise = starke Bezogenheit des Denkens und Handelns auf die eigenen Bedürfnisse; sieht alles nur von seiner Perspektive aus ▦ „magisches Denken": erklärt sich Ereignisse aus Mangel an naturwissenschaftlicher Denkfähigkeit mit höheren Kräften; gleichzeitig schreibt es sich selbst solche magischen Fähigkeiten zu und glaubt, die Welt beeinflussen zu können ▦ fängt an, gestern, heute und morgen zu verstehen

© 2008 by Ernst Reinhardt Verlag, GmbH und Co KG, Verlag, München

Fröhlich-Gildhoff, Rönnau, Dörner: Eltern stärken mit Kursen in Kitas

Alter	Emotionale und soziale Entwicklung (Gefühle und Kontakt)	Kognitive und motorische Entwicklung (Geist und Körper)
Das Kleinkind		
	→ Krise: „Qual der Wahl", z. B. der Entschluss, jetzt Fahrrad zu fahren, schließt die Möglichkeit aus, gleichzeitig Ball zu spielen; solche Situationen erlebt es als unsicher und schwankt deshalb mit seinen Empfindungen in Extremen; mal fühlt es sich groß und mächtig, dann wieder klein und schwach – Trotzphase = Abgrenzung von den Eltern und Entwicklung der eigenen Persönlichkeit; deutlicher Konflikt zwischen dem „Selber-Wollen" und dem Bezogensein auf andere.	
Das Vorschulkind		
4–5 Jahre → Thema: Bewegung; Freunde, andere Kinder	▪ spielt zunehmend lieber mit Kindern; spielt mit erfundenen Freunden ▪ unterscheidet Gefühle und bringt sie mit bestimmten Situationen in Zusammenhang; es kann also auf die Situation bezogen seine Gefühle zum Ausdruck bringen ▪ lernt mehr Gefühle kennen; nicht nur Angst, Freude, Trauer, Ekel und Überraschung, sondern auch Schuld, Scham, Stolz, Eifersucht und Mitleid etc. ▪ kann seine Gefühle selbst regulieren und steuern und ist nicht mehr so stark von seinen Bezugspersonen abhängig ▪ kann Gefühle besser ausdrücken und auch besser bewerten	▪ wird besser in den Fertigkeiten, die es bereits gelernt hat ▪ hat eine feste Vorstellung von zu Hause und Familie ▪ ist sehr aktiv – rennt, springt, klettert ▪ lernt Fahrrad fahren ▪ verbessert feinmotorische Fertigkeiten, z. B. mit der Schere eine gerade Linie schneiden ▪ spricht gerne, verleiht seinen Ideen gerne Ausdruck und stellt umfassende Fragen ▪ entwickelt einen besseren Sinn für die Zeit ▪ beginnt zu verstehen, dass andere unterschiedliche Standpunkte haben können
5–6 Jahre → Thema: fühlt sich größer und will auch so behandelt werden	▪ fängt an, sich für die Meinung von anderen Kindern zu interessieren ▪ lernt gerne neue Freunde kennen; spielt mit Kindern beiderlei Geschlechts ▪ entwickelt einen Sinn für Fairness ▪ will unabhängig sein und wie ein Erwachsener behandelt werden ▪ kann anderen Menschen gegenüber sehr liebevoll und hilfreich sein	▪ hat eine besser entwickelte Fähigkeit, Dinge zu ergründen ▪ hat gute Kontrolle über Hände, Arme und Beine; Augen-Hand-Koordination ist noch nicht voll entwickelt – hat Unfälle, bei denen die Hände beteiligt sind ▪ wird Rechts- bzw. Linkshänder ▪ spricht gerne und hat einen guten Wortschatz ▪ antwortet auf Nachfragen und kann Dialoge führen
Das Schulkind		
6–7 Jahre → Thema: Wechsel von der Kita zur Schule	▪ die Vorstellung über sich und seine Person entwickelt sich weiter im Zusammenleben mit anderen; die anderen dienen bewusster zur Orientierung ▪ in der Gruppe mit anderen lernt das Kind Verhaltensregeln und bekommt Rückmeldungen über sein Verhalten	▪ Rollen- und Regelspiele ▪ kann Begriffe Merkmalen zuordnen ▪ lernt längere Zeit stillzusitzen und sich zu konzentrieren

© 2008 by Ernst Reinhardt Verlag, GmbH und Co KG, Verlag, München

Fröhlich-Gildhoff, Rönnau, Dörner: Eltern stärken mit Kursen in Kitas

Handout zur 3. Einheit: (Über-)Leben als Eltern

Überlebenstipps für Eltern

▣ *Sich selbst akzeptieren:* Nicht immer alles perfekt machen wollen. Fehler eingestehen und diese anders machen zu lernen. Eltern, die manchmal falsch reagieren, sind keine schlechten Eltern! Genauso wenig, wie Kinder, die Fehlverhalten zeigen, schlechte Kinder sind. Fehler sind Teil des Lernprozesses!

▣ *Kinder so annehmen, wie sie sind:* Sind wir vom Kind genervt, so liegt es häufig daran, dass es sich nicht so verhält, wie wir es gerne hätten. Es ist normal, dass unterschiedliche Bedürfnisse bestehen, wenn zwei oder mehrere Menschen zusammenleben. Vielleicht verhilft schon ein veränderter Blickwinkel, um die positiven Seiten neu zu entdecken: Ein Kind, das trödelt, ist vielleicht sehr fantasievoll oder gründlich, ein eigensinniges Kind ist entschlossen, ein leicht zu verletzendes Kind ist empfindsam, ein unruhiges Kind ist sehr lebendig und einfallsreich, ein Kind, das schreit, hat Durchsetzungsvermögen, und ein Kind, das alles wissen will, ist eventuell besonders intelligent.

▣ *Realistische Ziele setzen bei sich und den Kindern*

▣ *Hilfe suchen und annehmen:* Ein afrikanisches Sprichwort sagt: „Man braucht ein ganzes Dorf, um ein Kind großzuziehen." Wichtig ist es, sich dies vor Augen zu halten, denn für andere Menschen ist es oft eine Freude, helfen zu können. Hilfe zu suchen ist kein Zeichen von Schwäche und Versagen, sondern verdient Respekt und Anerkennung, da dies ein deutliches Verantwortungsbewusstsein gegenüber dem Kind und sich selbst zeigt.

▣ *Sich Pausen gönnen:* Wenn das Kind schläft oder außer Haus ist, überprüfen, was einem wichtig ist. Ist es der Haushalt oder vielleicht doch ein gutes Buch, die Zeitung, Telefonieren, Malen, auf dem Sofa ausspannen etc.? Möglich wäre auch, eine Ruhezeit einzuführen, in der die Kinder immer mehr lernen, die Pausen der Eltern zu akzeptieren und sich selbst ruhig zu beschäftigen. Eine weitere Möglichkeit ist, die Kinder beispielsweise wechselnd bei Freunden spielen oder übernachten zu lassen. Auf diese Weise werden eigene Freiräume geschaffen.

▣ *Sport- oder Entspannungskurse besuchen:* Körperliche Bewegung fördert die Entspannung und Harmonisierung des Körpers. Es ist wichtig, auf die eigene Gesundheit zu achten.

▣ *Tagebuch schreiben:* Durch Schreiben loswerden, was gerade den Kopf beschäftigt. Niemand muss das Geschriebene lesen, und darum muss man nicht auf Stil und Rechtschreibung achten. Zu späteren Zeit-

punkten kann dann darauf zurückgegriffen werden. Dies kann Stolz in einem hervorrufen, da mit Abstand gesehen wird, was alles bewältigt wurde.

▣ *Musik hören und singen:* Fördert das Wohlbefinden und kann in den eigenen vier Wänden auch noch so schräg sein; den Kindern macht dies auch Spaß.

▣ *Dankbar sein gegenüber dem, was wir haben:* „Dankbarkeit ist die Wachsamkeit der Seele gegen die Kräfte der Zerstörung", heißt es in einem Sprichwort. Wir sollten uns täglich bewusst machen, was alles funktioniert und uns gegeben ist, denn erst wenn unsere Kinder erkranken, sind wir für ihre Gesundheit dankbar, und erst wenn sie das Haus verlassen, wird uns klar, was für eine wunderbare, lebendige gemeinsame Zeit wir hatten.

▣ *Die Situationen so anerkennen, wie sie sind:* „Es ist, wie es ist – ich kann gerade nicht anders": Die Dinge manchmal so nehmen, wie sie sind.

▣ *Sich selbst zulächeln und positiv gestimmt sein:* Halten Sie mehrmals am Tag inne und beobachten Sie: Wie geht es Ihnen? Was denken Sie? Welche Gefühle bemerken Sie? Atmen Sie aus, bis keine Luft mehr kommt, und stellen Sie sich etwas Schönes vor, oder schauen Sie etwas Niedliches an, wenn es gerade da ist, z. B. Ihr schlafendes Kind. Ermutigen Sie sich selbst und schenken Sie sich ein Lächeln. Sagen Sie „ja" zu sich, zu allen Fehlern und Schwächen. Sie sind ein Mensch und Sie sind in Ordnung – so, wie Sie sind. Sie müssen nicht perfekt sein.

▣ *Zeit für sich selbst nehmen: Einen Abend für sich selbst reservieren für Freunde, Sport, Kino etc.*

▣ *Neinsagen lernen:* Wir können nicht alles erledigen und benötigen Zeit für uns selbst.

▣ *Auch für das eigene Wohlbefinden sorgen:* Es ist wichtig, dass es einem selbst gut geht und man keine Opfer bringen muss, damit es anderen gut geht. Das eigene Wohlbefinden spielt eine große Bedeutung, denn entspannte Familienmitglieder sind mit das Beste für das gesamte Familienleben.

▣ *Jeden Tag mit der Partnerin/dem Partner ungestört reden, um sich die wichtigen Dinge des Tages mitzuteilen und sich aneinander zu erfreuen.*

▣ *Eine Kinderbetreuung organisieren:* Auch wenn ein Babysitter teuer ist, könnte es hilfreich sein, einen zu engagieren, um mit dem Partner außerhalb der Elternrolle gemeinsam etwas zu erleben.

▣ *Eltern haben auch Rechte:* Eltern haben das Recht auf Freundschaften, Zeit für sich selbst, Respekt vor Eigentum – ein Leben ohne Beteiligung der Kinder.

© 2008 by Ernst Reinhardt Verlag, GmbH und Co KG, Verlag, München

Fröhlich-Gildhoff, Rönnau, Dörner: Eltern stärken mit Kursen in Kitas

Handout zur 4. Einheit: Miteinander Leben I

1. Wie streite ich erfolgreich mit meinen Kindern?

■ Konflikte als Wachstum sehen, Konfliktaustragung als Weg verstehen:
  - *Konflikte gehören zur Orientierung und damit zum Leben dazu*
■ Konfliktlösungen jenseits von Sieg und Niederlage suchen, bei Konflikten sollte nicht einer der „Verlierer" sein
■ den anderen Konfliktbeteiligten richtig zuhören und die *„Wahrheit" der anderen Konfliktbeteiligten* wahrnehmen und kennenlernen (aktiv zuhören)
■ Kompromisse bzw. Mittelwege suchen bzw. in Betracht ziehen
■ Auseinandersetzung mit dem eigenen Konfliktverhalten:
  - Wie reagiere ich in verschiedenen Situationen?
  - Was ärgert mich, was stimmt mich friedlich?
  - Wie rede ich? Bleibe ich ruhig oder werde ich schnell laut?
■ nutzlose Kommunikationsmuster vermeiden oder *durchbrechen*:
  - z. B. „Du räumst nie dein Zimmer auf und lässt immer alles liegen." – „Und du spielst nie mit mir und meckerst immer nur an mir rum." – „Ja, weil du mir auch allen Grund dazu gibst." – „Ja, aber weil du …" etc.
  - es kommt zu keinem Ergebnis und beide sind am Schluss verärgert
■ klare Kommunikation anstreben:
  - *klar formulieren*, wer, was, wie und wann gerne möchte, ohne an alten Streitpunkten hängenzubleiben und am anderen Kritik zu üben
■ gewaltfreie Konfliktaustragung anstreben

2. Wie setze ich Grenzen?
Elterliche Selbstbehauptung

■ bestimmtes und konsequentes Handeln => keine „leeren Drohungen":
  - Erlaubtes sollte *immer* erlaubt sein
  - Verbotenes sollte *immer* verboten sein
  Ihr Handeln sollte für das Kind verständlich und nachvollziehbar sein, *einheitliche* Regelung für die Bettgehzeit, die Fernsehzeit etc.
■ in schwierigen Erziehungssituationen in Ruhe nach Handlungsmöglichkeiten suchen
■ Ärger und Wut erfolgreich umsetzen:
  - z. B. Gefühle zum Anlass nehmen und gemeinsam „Familienregeln" erarbeiten
■ sich gegen Erwartungen abgrenzen können:
  - Kinder haben tausend Wünsche; diese können häufig finanziell und zeitlich nicht erfüllt werden; dem Kind in Ruhe erklären, warum das nicht geht

und es dann auch mal „schmollen" oder sauer sein lassen und sich dabei nicht schuldig fühlen
■ offene anstelle von versteckten Mitteilungen:
  - „Bitte hilf mir beim Essenmachen" ist leichter zu verstehen als: „Der Lukas von nebenan, der hilft seinen Eltern immer, ohne dass man ihn dauernd fragen muss"

3. Wie können sich Eltern gegenseitig unterstützen?

■ abgestimmtes Verhalten zwischen Vater und Mutter (bzw. zwischen den Bezugspersonen) in Konfliktsituationen mit Kindern:
  - wenn einer „ja" sagt, sollte der andere nicht „nein" sagen oder umgekehrt
■ es sollte nicht immer einer „der Böse" und der andere „der Gute" sein:
  - Regeln und Grenzen immer gemeinsam aussprechen und auch die Einhaltung dieser durchsetzen
  - schöne Dinge (Spiele, Ausflüge, Geschichten) sollten ebenso von beiden Eltern abwechselnd (soweit wie möglich) durchgeführt werden
■ sich als Eltern auch mal Freiraum schaffen (Babysitter, im Tausch mit anderen Eltern gegenseitig auf die Kinder aufpassen) und auch eigene Hobbys pflegen
■ Austausch mit anderen Eltern
■ Anlaufstellen (z. B. Erziehungsberatungsstelle) nutzen

4. Wie kann ich das Selbstvertrauen meines Kindes stärken?

■ viel mit dem Kind reden und ihm Dinge erklären
■ das Kind bei neuen, aber auch bei schon bekannten Dingen immer wieder ermutigen und viel loben
■ dem Kind Respekt, Wertschätzung und viel Liebe entgegenbringen
■ negative „Du-Botschaften", wie „Immer bist du so schusselig und machst alles kaputt", vermeiden
■ dem Kind bei Schwierigkeiten beistehen, es aber auch mal überwindbare Hindernisse selbst aus dem Weg räumen lassen
■ als Eltern selbstbewusst an Probleme oder Schwierigkeiten herangehen

5. Wie schlichte ich einen Streit meiner Kinder?

■ „Allparteilichkeit": der oder die StreitschlichterIn sollte nicht auf einer Seite stehen
■ beide Seiten in Ruhe anhören und nicht voreilig urteilen
■ gemeinsam nach Lösungen suchen, mit denen alle Streitenden zufrieden sind

© 2008 by Ernst Reinhardt Verlag, GmbH und Co KG, Verlag, München

Fröhlich-Gildhoff, Rönnau, Dörner: Eltern stärken mit Kursen in Kitas

Handout zur 5. Einheit: Miteinander Leben II

Beschäftigungsmöglichkeiten mit Kindern

Spielvorschläge für einen Spielabend/-nachmittag mit der Familie

Um das Zusammengehörigkeitsgefühl in der Familie zu fördern, sind Spielabende meist eine willkommene Abwechslung im Alltag. Abgerundet mit Getränken und Knabbereien und eventuell eingeladenen Freunden kann so ein Spielabend zu einem kleinen Fest werden, bei dem alle Spaß, Freude und Ausgeglichenheit erleben. Wichtig ist es dabei, darauf zu achten, dass die ausgewählten Spiele allen Spaß machen und auch die jüngsten Mitspieler Freude daran haben. Zudem sollte ausreichend Zeit eingeplant werden, um die Spiellust nicht in der besten Phase zu unterbrechen. Geben sie sich dem Spielabend uneingeschränkt hin, lernen sie neue Seiten an ihren Familienmitgliedern kennen und vermeiden sie es häusliche Erledigungen nebenher bewältigen zu wollen. Spielabende können sowohl mit Brett- und Kartenspielen ausgefüllt werden als auch mit Ratespielen, welche Kinder im Vorschulalter sehr gerne machen. Hierzu einige Vorschläge:

- *Fühlsäckchen:* In ein kleines Säckchen werden fünf verschiedene Gegenstände gesteckt. Das Säckchen wird herumgereicht und jede Spielerin und jeder Spieler versucht zu ertasten, was sich im Säckchen befindet. Dann wird reihum gefragt, was man erspüren konnte.

- *Veränderungen erkennen:* Auf einem Tisch liegen fünf bis zehn Gegenstände. Ein Kind oder ein Erwachsener wird vor die Tür geschickt. Inzwischen wird ein Gegenstand hinzugefügt oder weggenommen. Daraufhin wird die Spielerin oder der Spieler hereingerufen und soll die Veränderung herausfinden.

- *Eine andere Möglichkeit:* Es wird eine Veränderung an den Personen vorgenommen, die im Raum bleiben (z. B. ein Ring wird abgenommen, Brillen werden vertauscht, eine Jacke wird ausgezogen etc.). Diese Veränderungen sollen herausgefunden werden.

- *Geschmacksspiele:* Kinder und Erwachsene sitzen mit geschlossenen Augen im Kreis. Jede Teilnehmerin und jeder Teilnehmer bekommt verschiedene Früchte auf die Zunge gelegt (z. B. ein Stückchen Apfel, Birne, Kiwi, Banane oder Orange), und anschließend soll geraten werden, welche Früchte gekostet wurden. Nach einigen Übungen können auch schwierigere Unterscheidungen verlangt werden (z. B. zwischen Orange und Mandarine oder zwischen Apfelsorten).

Spiel- und Beschäftigungsmöglichkeiten für draußen

- *Schattenfangen:* Bei diesem Fangspiel muss der Fänger die Kinder abschlagen, indem er auf deren Schatten tritt.

- *Verzaubern:* Ein Kind ist Zauberer. Wenn er jemanden abschlägt, ist dieser verzaubert und kann sich nicht mehr von der Stelle bewegen. Wer als letzter verzaubert wurde, wird neuer Zauberer. In einer Variante können sich die Kinder befreien, wenn sie durch die Beine der Verzauberten krabbeln.

- *Bäumchen, wechsle dich:* Jedes Kind sucht sich einen Baum; die Bäume sollten möglichst nicht zu weit auseinanderstehen. Wenn der Fänger ruft: „Bäumchen, wechsle dich" müssen alle einen anderen freien Baum suchen. Wer abgeschlagen wird, ist neuer Fänger.

- *Ballkönig:* Für dieses Spiel braucht man nur einen Ball und eine Hauswand. Es kann auch gut alleine gespielt werden. Zehn Übungen mit dem Ball ausdenken. Die leichteste wird dann zehnmal wiederholt, die nächste neunmal etc. Berührt der Ball während der Übungen den Boden, muss neu gezählt werden. Wer es schafft, ist der Ballkönig. Übungen: pritschen, baggern, werfen – im Kreis drehen – fangen, jeweils nur mit der rechten oder linken Hand pritschen, unter dem Bein werfen und fangen, werfen – in die Hände klatschen – fangen, werfen – vorne und hinter dem Rücken klatschen – fangen, mit rechts werfen und fangen, mit links werfen und fangen etc.

- *Wolkenbilder:* Gemeinsame Freizeit heißt auch Zeit zum Träumen und zum Abschalten vom Alltag. Man legt sich auf eine Wiese, beobachtet die Wolken und versucht, darin Tiere, Menschen und andere Dinge zu erkennen. Dieses Spiel fördert die Fantasie und entspannt.

- *Wandern:* Mit anderen Familien und mehreren Kindern kann wandern allen beteiligten Spaß bereiten. Ausgefüllt mit Fang-, Beobachtungs- und Ratespielen und fantasievoll erfundenen Waldgeschichten können die Fußmärsche für Kinder ereignisreich gestaltet werden. Ein abschließendes Lagerfeuer oder ein Picknick mit einem Fußbad im nahegelegenen Bach runden den Naturtag freudvoll ab.

- *Geräusche in der stillen Natur:* die Kinder darauf achten lassen, ob es tatsächlich ganz still ist oder ob nicht doch ein Vogel zwitschert, der Wind pfeift oder etwas raschelt etc.

© 2008 by Ernst Reinhardt Verlag, GmbH und Co KG, Verlag, München

Fröhlich-Gildhoff, Rönnau, Dörner: Eltern stärken mit Kursen in Kitas

▪ *Nachtwanderung oder Schnitzeljagd* bereiten ein spannendes Naturerlebnis.

▪ *Heuspiele:* mit frisch gemähtem Heu spielen, ein gemütliches Bett bauen oder eine Heuschlacht machen etc.

▪ *Barfußpfad:* aus Naturmaterialien, wie Moos, Steine, Gras oder Tannenzapfen einen kleinen Pfad gestalten und diesen auch barfuß erkunden

▪ *Naturbilder:* aus Naturmaterialien Muster oder Bilder entstehen lassen

▪ *Rindenmonster:* große Rindenstücke mithilfe von Grashaaren, Blätteraugen oder Zapfennasen in lustige Monster verwandeln

▪ *Bibliothek:* gemeinsamer Besuch der Bibliothek; hier können Bücher, Hörbücher, Filme, Computerspiele entliehen und Veranstaltungen besucht werden

Spiel- und Beschäftigungsmöglichkeiten für drinnen

▪ *Rennstrecke für Spielzeugautos:* auf ausgedienten Plastiktischdecken oder Planen mit dicken Filzstiften eine Rennstrecke aufzeichnen; aus Klopapierrollen Tunnel aufkleben, und schon kann das Rennen beginnen

▪ *Druckerei für Kinder:* Zeichenpapier oder restliche Tapetenrollen mit Stempeln aus Kartoffeln, Karotten, Fingerkuppe, Händen, Füßen, Zahnbürsten mit vielen Farben bedrucken

▪ *Fühlsocken:* in einzelne Socken, zu denen der zweite nicht mehr auffindbar ist, unterschiedliche Gegenstände, wie kleiner Ball, Spielzeugauto, Stein, Löffel oder Muschel stecken; die zugeknoteten Socken in eine Schachtel geben, nun kann geraten werden

▪ *Lupe:* Entdeckungstour für drinnen und draußen mit einer Lupe

▪ *Familientheater:* aussortierte Fotos von Familienmitgliedern oder Freunden ausschneiden und die Köpfe auf eine Wäscheklammer kleben, schon sind die Stabpüppchen fertig

▪ *Höhle im Kinderzimmer:* aus Tischen, Stühlen, Decken, großem Karton und Taschenlampe eine abenteuerliche Höhle bauen

▪ *Sonne einfangen:* mit einem Spiegel die Sonne ins Haus bringen, mit zwei Spiegeln kann die Jagd schon beginnen

▪ *Süß, salzig, sauer?:* dem Kind die Augen verbinden und unterschiedliche Nahrungsmittel probieren lassen: Was ist es? Schmecken die Gurken sauer, ist der Lolli süß, sind die Salzstangen salzig?

▪ *Fotopuzzle:* aus übriggebliebenen Fotos Puzzleteile schneiden

▪ *Kopfmassage:* mit unterschiedlich vielen Fingern auf dem Kopf spazieren gehen: Wie viele Finger sind es? Wer kann es erspüren?

▪ *Farben laufen:* viel Fingerfarbe auf die Fußsohlen geben und dann über das Papier tapsen

▪ *Fußmalereien:* Wachsmalstifte zwischen dem großen Zeh und dem kleinen Zeh festhalten und malen

▪ *Schleiertanz:* mit Musik und durchsichtigen Tüchern durch die Wohnung tanzen

▪ *Büchsenwerfen:* leere Büchsen oder leere Plastikflaschen im Zimmer oder Garten aufstellen und mit einem Tennisball danach werfen

▪ *Wenn die Räuber kommen:* wer sich vor Räubern fürchtet, verwandelt sich am besten selbst in einen – und fühlt sich gleich viel stärker; dieses Rollenspiel hilft, Ängste abzubauen

▪ *Geschichten erfinden:* gemeinsam mit den Kindern eine Geschichte erfinden; diese Geschichte nachspielen oder aufmalen lassen

▪ *Sternenbilder:* mit einer Zahnbürste und Wasserfarben Weltallbilder spritzen; jeder Tropfen ist ein Stern

▪ *Basteln:* mit folgenden Materialien können Kinder erfinderisch sein: Blechbüchsen, Bierdeckel, Schachteln, Wellpappe, Klopapierrollen, Stöcke, Stoffreste, Klebeband, Farben, buntes Papier etc.

▪ *Selbst gemachte Bauklötze:* aus Ästen, die bei Waldspaziergängen gefunden wurden, unterschiedliche Holzklötze zusägen; unter Aufsicht können ältere Kinder mitmachen

Fernsehregeln

Fernsehregeln sollen dazu verhelfen, den täglichen Umgang mit dem Fernseher zu erleichtern. So müssen nicht jeden Tag erneut durch nervenaufreibende Diskussionen die jeweiligen Wünsche der Kinder ausgehandelt werden. Die Festlegung der Regeln können je nach Kind, Familie und Wünschen unterschiedlich ausfallen.

© 2008 by Ernst Reinhardt Verlag, GmbH und Co KG, Verlag, München

Fröhlich-Gildhoff, Rönnau, Dörner: Eltern stärken mit Kursen in Kitas

■ darauf achten, aus welcher Motivation heraus ein Kind fernsieht; wird der Fernseher angeschaltet wegen regnerischen Wetters, aus Langeweile, mangels Freizeitalternativen oder gar aus Gründen der Flucht oder zur Selbstisolation; mittels Gesprächen, Spielen und Malen ist es möglich, die Gründe für das lange Fernsehen zu erkunden und zu verstehen

■ vorgeschlagene Richtlinien für die Fernsehdauer: 2- bis 4-Jährige sollten täglich nicht mehr als eine kurze Sendung sehen (maximal 30 Minuten), 5- bis 7-Jährige sollten pro Tag eine bis höchstens zwei Sendungen sehen (maximal 45 Minuten, hin und wieder einen Spielfilm gemeinsam anschauen)

■ klare Regelungen mit Geschwistern treffen und jüngere Kinder nicht so viel mitsehen lassen

■ der Fernseher sollte nicht den Tagesablauf bestimmen; so genannte „Glotztage" sind hin und wieder aber auch mal drin

■ Fernsehen sollte möglichst weder als Belohnung noch als Bestrafung eingesetzt werden

■ der Fernseher sollte sowohl im alltäglichen Leben als auch in der Wohnung nach Möglichkeit nicht im Mittelpunkt stehen

■ Kinder sollten nach Möglichkeit nicht alleine fernsehen

■ Kinder brauchen auch vor dem Fernseher Bewegung zum Abbau von Spannungen; darum sollten Kinder nicht dazu angehalten werden, still vor dem Fernseher zu sitzen

Kindergartenkinder sind noch nicht in der Lage, langen Geschichten zu folgen. Darum sind Sendungen wie Sesamstraße und Sendung mit der Maus, welche kurze, abwechslungsreiche Geschichten erzählen, für Kinder im Alter von 3 bis 5 Jahren empfehlenswert. Aber auch unkomplizierte und unterhaltsame Sendungen mit Fantasiefiguren und verfremdeten Tiercharakteren, in denen kleine Geschichten erzählt werden, wie Käpt´n Blaubär und Siebenstein, sind für Vorschulkinder geeignet. Besonders beliebt sind auch Zeichentrickfilme, wie Micky Maus, Biene Maja, und Die Schlümpfe.

> Bedenklich wird Fernsehkonsum dann, wenn Probleme damit verdrängt werden oder es im Verhalten des Kindes echte Auffälligkeiten gibt. Vermieden werden sollte zudem das stundenlange Herumsitzen vor dem Fernseher. Kinder benötigen die Möglichkeit zum Toben und Spielen, und dies sollte immer im Vordergrund stehen.

Informationsmaterial für Eltern

■ *FLIMMO:* dreimal jährlich erscheinendes Heft; Informationen über einzelne Kindersendungen, in denen das Fernsehen aus Kinderaugen beurteilt wird; FLIMMO zeigt, mit welchen Fernsehangeboten Kinder nichts anfangen können und erklärt, warum das so ist; FLIMMO bietet Tipps, Anregungen und Informationen rund um die alltägliche Fernseherziehung (zu beziehen unter: Programmberatung für Eltern e. V., Heinrich-Lübke-Straße 27, 81737 München; Tel. 089 / 6 38 08-280, Fax 089 / 6 38 08-290; Internet: www.flimmo.de)

■ *Mit Medien leben lernen:* Broschüre, herausgegeben von der Landesanstalt für Medien Düsseldorf, zur Unterstützung der Eltern bei der Medienerziehung; hierfür werden ganz konkrete Tipps gegeben (kostenlos zu beziehen bei: Landesanstalt für Medien Düsseldorf, Tel. 02 11 / 77 00 70, Fax 02 11 / 72 71 70, E-Mail: info@lfm-nrw.de)info@lfm-nrw.de

■ *Über Medien reden – Fernsehen, Video, Computer:* kostenlose Broschüre für Eltern, Bundeszentrale für politische Bildung (zu beziehen unter: E-Mail: info@bpb.de)

■ *Spiel- & Lernsoftware – pädagogisch beurteilt:* die Broschüre erscheint einmal jährlich als Ergebnis einer Kooperation der Fachstelle für Medienpädagogik/Jugendmedienschutz der Stadt Köln, der Fachhochschule Köln, dem Bundesfamilienministerium und dem Computer Projekt Köln e. V. (zum Preis von € 4,- zzgl. Versandkosten erhältlich bei: Computer Projekt Köln e. V., Im Mediapark 7, 50670 Köln, Tel. 02 21 / 5 74 32 80, Fax 02 21 / 5 74 32 89, E-Mail: *info@computerprojekt-koeln.de, www.spieleratgeber-nrw.de)*

© 2008 by Ernst Reinhardt Verlag, GmbH und Co KG, Verlag, München

Fröhlich-Gildhoff, Rönnau, Dörner: Eltern stärken mit Kursen in Kitas

Empfehlenswerte Internetseiten für Kinder (Stand: Januar 2008)

www.blaubaer.de	Der Lügenbaron spinnt sein Seemannsgarn auch im Internet: Käpt´n Blaubärs Webauftritt ist eine liebevoll, ansprechend und abwechslungsreich gestaltete Seite, die kleinen Blaubär-Fans viele Entdeckungen, Geschichten, Spiele und mehr bietet. Die Seite bietet Blaubär-Folgen, Blicke hinter die Kulissen, eine „Lügenwelt", eine Spielekiste, Tipps für eine sichere Internet-Benutzung etc. Blaubaer.de wurde mit dem Pädi-Gütesiegel 2004 ausgezeichnet.
www.blinde-kuh.de	Suchmaschine speziell für Kinder
www.br-kinderinsel.de	Auf der Kinderinsel befinden sich sämtliche Kindersendungen des Bayrischen Rundfunks. Es gibt Interessantes zu entdecken, sowie Tipps zu Büchern, Musik und Computer oder Antworten auf „Wissensfragen". Daneben ist Raum für eigene Aktivitäten: Fortsetzungsgeschichten, Rätsel, Spiele, Kochrezepte und Bastelanleitungen.
www.die-maus.de	Auf diesen Seiten dreht sich alles um die bekannte und beliebte Maus aus der „Sendung mit der Maus". Hier finden Kinder z.B. die Lach- und Sachgeschichten, in denen komplizierte Themen erklärt werden. Auch das Spielangebot der Seiten kann sich sehen lassen, wobei das Käselöcherschießen ganz klar der Renner ist.
www.greenpeace.de	Für engagierte Umweltkids gibt es auf Greenpeace.de interessante Infos.
www.kindernetz.de	Das Internetangebot Kindernetz wird vom SWR zur Verfügung gestellt. Viele kinderspezifische Themen sind hier in kleinen Beiträgen zu finden.
www.kindersache.de	Diese Seite gehört zum Medienreferat des Deutschen Kinderhilfswerks und bietet neben Spielen, Chatmöglichkeiten und Mitmachaktionen viele interessante Infos.
www.kidsville.de	In dieser virtuellen Kinder-Mitmachstadt können Kinder viel entdecken, erfahren und selber machen. Es gibt hier beispielsweise die Kidsvilla, in der man seine Ideen für Häuser- und Möbelgestaltung abgeben und anschauen kann. Die Internautenschule ist für kleine Internet-Entdecker, im Multikulthaus können die Kinder z.B. eine geführte Weltreise auf verschiedenste ausländische Webseiten unternehmen und mit der Weltbrille verschiedene Perspektiven auf die Welt nachvollziehen. Kidsville.de wurde mit dem Pädi-Gütesiegel 2004 ausgezeichnet.
www.kidsweb.de	Mit Kidsweb.de ist in Zusammenarbeit mit Kindern und Eltern eine kindgerechte Seite erstellt worden. Sie umfasst neben jeder Menge Spaß und lustigen Spielen auch viele interessante Informationen.
www.milkmoon.de	Milkmoon.de ist ein Suchmaschinenangebot speziell für Kinder im Alter von 8– 14 Jahren. Die Suchfunktion wird ergänzt durch einen Katalog, redaktionelle Inhalte, Kommunikationsangebote und Services. Das Angebot ist dabei in 14 interessante Kategorien gegliedert, wie z.B. Spiel und Spaß, Sport, Tiere, aber auch Schule und Beruf. Milkmoon.de möchte Kindern helfen, sich im Wirrwarr des Internets zurechtzufinden.
www.wasistwas.de	„Was ist Was" stellt als Wissensmagazin eine für Kinder geeignete Wissensdatenbank dar. Neben aktuellen Wochenthemen und entsprechenden TV-Tipps, Link-Tipps und anderen Anregungen werden viele interessante Artikel in Rubriken, wie Geschichte, Natur und Tiere, Wissenschaft oder Technik, angeboten.
www.xtrakt.de	Xtrakt.de ist ein neues Online-Forum für Kinder und Jugendliche und bietet einen Kreativ-Bereich, Tipps zu Spielen und Webseiten und verweist auf den Kindernewsletter. Zudem beherbergt Xtrakt.de die Clubs des SIN.
www.zzzebra.de	Zzzebra.de ist eine Ideenbank mit vielen Anregungen und Tipps zum Basteln, Experimentieren, Unternehmen und Erfahren, eine Liederbank mit vielen Songs zum Mitsingen und ein Lesekorb mit vielfältigen Themen.

Fröhlich-Gildhoff, Rönnau, Dörner: Eltern stärken mit Kursen in Kitas   © 2008 by Ernst Reinhardt Verlag, GmbH und Co KG, Verlag, München

Handout zur 6. Einheit: Wie kann ich mein Kind unterstützen, damit es auch Krisen und Belastungen meistern kann?

1. Selbstwahrnehmung fördern:

Das Kind soll …
→ sich und seine Vorlieben besser kennenlernen;
→ die Basisgefühle kennenlernen (Freude, Angst, Trauer, Überraschung, Furcht, Ekel, Scham, Ärger);
→ Gefühle bei sich entdecken und benennen;
→ lernen, verschiedene Arten von Gefühlen angemessen ausdrücken zu können;
→ lernen, auch bei anderen Gefühle zu erkennen.

Was kann ich tun?
▪ eigene Gefühle dem Kind gegenüber klar benennen
▪ der Gesichtsausdruck muss zu dem Gefühl passen, das ich dem Kind mitteilen will; keine Doppelbotschaften senden (wie z. B. lächeln, aber dabei schimpfen; traurig schauen, aber sagen, dass alles in Ordnung ist)
▪ das Kind in seinen Gefühlen „spiegeln", d. h. ihm seine Gefühle und seinen Gefühlsausdruck deutlich machen
▪ mit den Kindern beispielsweise den „Seelenvogel" (Snunit 1991, im Carlsen Verlag erschienen) lesen und darüber ins Gespräch über Gefühle kommen
▪ zusammen mit dem Kind Körperbilder malen (auf einem Plakat den Körperumriss des Kindes zeichnen => beim Anmalen kann das Kind darauf achten, wie es wirklich aussieht => Spiegel)
▪ Gipshand und -fußabdrücke machen Spaß und spiegeln die Körperdimensionen

2. Selbststeuerung fördern

Das Kind soll …
→ lernen, mit eigenen Gefühlen umzugehen (z. B. Ärger, Enttäuschung, Wut) und Handlungsalternativen aufgezeigt bekommen;
→ Schritte lernen, die helfen, sich selbst zu steuern bzw. zu beeinflussen;
→ lernen, innere Anforderungen (z. B. Wünsche) zu bewältigen und ihnen mutig zu begegnen;
→ lernen, andere um Hilfe zu bitten, wenn Probleme oder schwierige Situationen auftauchen;
→ die Wirkung von verschiedenen Verhaltensweisen bei anderen erkennen, wenn es etwas erreichen möchte.

Was kann ich tun?
▪ Signalregeln für Konfliktsituationen einführen, das Kind zum lauten Denken auffordern
– z. B. mit Stopp-Schildern arbeiten oder mit einem Ampelsystem:

ROT:	Halt! Stopp! Ich stoppe mein Handeln.
GELB:	soll das Kind daran erinnern, erst nachzudenken und sich zu überlegen, welche Möglichkeiten es denn überhaupt hätte und welches die Folgen dieses Handelns wären
GRÜN:	soll daran erinnern, sich für die angemessenste Lösung zu entscheiden, diese dann auszuprobieren und sich hinterher selbst dafür zu loben, weil das die beste Entscheidung war

• wenn das Kind sich beispielsweise nicht selbst beruhigen kann, ihm von außen helfen (z. B. Beruhigung, auf Konflikt eingehen etc.)
• loben, wenn das Kind sich selbst beruhigt

3. Selbstwirksamkeit fördern

Das Kind soll …
→ die Erfahrung machen, dass es durch sein Verhalten Reaktionen anderer beeinflussen und bewirken kann;
→ soll erfahren, dass man trotz mancher Schwächen auf anderen Gebieten Erfolg haben kann;
→ Erfolgserfahrungen machen;
→ erfahren, dass Schwierigkeiten überwunden werden können, wenn man den Mut dazu hat;
→ erleben, dass man Schwieriges schaffen kann, indem man in kleinen Schritten und überlegt vorgeht;
→ sich daran erinnern, was es schon alles geschafft hat und darauf aufmerksam gemacht werden, was es schon alles ohne Hilfe kann.

Was kann ich tun?
▪ Erfolge ermöglichen, die das Kind auf sich beziehen können muss
▪ kleine Schritte loben; wenn ein Verhalten geändert werden soll, muss jeder kleine Schritt in die richtige Richtung gelobt werden; wenn das Kind lernen soll, sein Zimmer aufzuräumen, dann muss es bereits gelobt werden, wenn es den ersten Bauklotz in die Kiste wirft
▪ beim Loben genau sagen, was gut war: „Ich freue mich, dass ich in Ruhe telefonieren konnte, weil du so schön in deinem Zimmer gespielt hast."
▪ sofort loben, wenn das gewünschte Verhalten aufgetreten ist; Kinder begreifen so den Zusammenhang besser
▪ Kritik und Lob nicht miteinander vermischen: „Das ist aber ein tolles Bild. So ein schönes hättest du mal für die Oma malen sollen und nicht nur so ein Gekritzel."

© 2008 by Ernst Reinhardt Verlag, GmbH und Co KG, Verlag, München

Fröhlich-Gildhoff, Rönnau, Dörner: Eltern stärken mit Kursen in Kitas

■ beispielsweise ein Lobbuch einführen: in regelmäßigen Abständen mit dem Kind besprechen, was es kann, was gut geklappt hat, und dem Kind zeigen, dass man darauf stolz ist; dies wird dann zusammen mit dem Kind in das Lobbuch geschrieben bzw. das Kind malt dies in sein Lobbuch; eventuell auch darüber sprechen, was es noch alles schaffen möchte und was man machen kann, damit dies bald klappt

4. Soziale Kompetenz fördern

Das Kind soll …
➔ ein Eigenbild von sich entwickeln („Wie bin ich und wie wirke ich auf andere?");
➔ sich besser in andere einfühlen können;
➔ lernen, wie man miteinander spricht (z. B. ausreden lassen, nur einer spricht etc.);
➔ Konfliktlösefähigkeit erlernen (Reflexion darüber, warum man streitet und wie man sich dabei fühlt; Wut kontrollieren und Handlungsmöglichkeiten erkennen);
➔ lernen, wie man Kontakte knüpft, aber auch wie man sich zurückziehen kann.

Was kann ich tun?
■ Konfliktlösungen zeigen (z. B. „Wie gehe ich in der Familie mit Konflikten um?")
■ angemessene Selbstbehauptung zeigen („Wie setze ich meine Bedürfnisse durch?")

5. Problemlösen fördern

Das Kind soll …
➔ lernen, sich realistische Ziele zu stecken;
➔ sich mit eigenen Konflikten auseinandersetzen bzw. andere nachvollziehen;
➔ sich trauen, Probleme direkt anzusprechen;
➔ andere bzw. verschiedene Lösungsmöglichkeiten entwickeln;
➔ andere um Hilfe bitten als Problemlösemöglichkeit.

Was kann ich tun?
■ dem Kind helfen, sich realistische und zu bewältigende Ziele zu setzen
■ mit dem Kind darüber sprechen, wo es sich Hilfe holen kann; von Situationen erzählen, in denen sich die Eltern selbst Hilfe geholt haben
■ Vorbild sein beim Umgang mit Misserfolgen

6. Umgang mit Stress fördern:

Das Kind soll …
➔ den Begriff Stress kennenlernen;
➔ sich mögliche Ursachen bewusst machen;
➔ körperliche Symptome erkennen;
➔ Entspannungsmöglichkeiten kennenlernen;
➔ Probleme erkennen und darüber sprechen;
➔ Schritte lernen, um mit Stress umzugehen.

Was kann ich tun?
■ Entspannungsgeschichten vorlesen
■ dem Kind genügend Möglichkeiten geben, seinen Bewegungsdrang auszuleben
■ Regelmäßigkeiten einführen (z. B. Schiffchenübung als regelmäßige Schlafsituation)

Schiffchenübung:
Um zu entspannen, können u. a. Fantasiereisen mit Kindern sehr wirkungsvoll sein. Dazu bastelt man zusammen mit dem Kind ein Papierschiffen. Das Kind legt sich dann bequem auf den Rücken und das Schiffchen wird auf seinen Bauch gesetzt. Es kann nun das Schiffchen beobachten, wie es durch seine Atmung hoch- und runtergeht. Durch schnelles und starkes Atmen kann auch mal ein kurzer „Orkan" hervorgerufen werden. Bei der Wiederholung dieser Übung können dann auch Fantasiereisen angehängt werden, zunächst kürzere und im Laufe der Zeit etwas längere. Diese können wie folgt beginnen:
„Stell dir vor, du bist mit deinem Schiffchen auf einem schönen, großen See. Du stehst als Kapitän auf deinem Schiffchen und betrachtest alles um dich herum. Da gibt es eine Menge zu sehen …"
Die Kinder können gerne auch Varianten der Geschichte erzählen. Es kann auch zu Inselbesuchen, Sturm, Tauchausflügen und Ähnlichem kommen. Am Ende kommen die Kinder dann jedes Mal mit ihrem Schiffchen wieder am Ufer an, steigen aus und kommen zurück in die Gegenwart.

Fröhlich-Gildhoff, Rönnau, Dörner: Eltern stärken mit Kursen in Kitas

Klaus Fröhlich-Gildhoff / Tina Dörner /
Maike Rönnau

Prävention und Resilienzförderung in Kindertageseinrichtungen – PRiK

Fröhlich-Gildhoff • Dörner • Rönnau

Prävention und Resilienzförderung
in Kindertageseinrichtungen – PRiK

Trainingsmanual für ErzieherInnen

Trainingsmanual für ErzieherInnen
2007. 113 Seiten. 27 Abb. DIN A4, Mit zahlr. Kopiervorlagen
(978-3-497-01938-0) kt

Im ersten Teil des Buches erläutern die AutorInnen zentrale
Elemente des Konzepts der „Resilienz" – wie Selbst- und
Fremdwahrnehmung, Selbstwirksamkeit und -steuerung,
Stressbewältigung und Problemlösekompetenz. Im zweiten
Teil finden Praktiker alle Spiele, Übungen und Materialvor-
schläge für das Kindertraining. Mit 20 Übungseinheiten kann
jede ErzieherIn in Kleingruppen mit dem Training starten,
das Material ist für Kinder im Alter von 4 bis 6 Jahren geeignet. In diesem Programm steckt eine Menge an Erfahrung,
es ist vielfach erprobt und wissenschaftlich getestet.

 reinhardt
www.reinhardt-verlag.de

Klaus Fröhlich-Gildhoff / Iris Nentwig-Gesemann /
Pia Schnadt (Hg.)
Neue Wege gehen – Entwicklungsfelder der Frühpädagogik

2007. 159 Seiten. 7 Abb. 4 Tab.
(978-3-497-01951-9) kt

Der Bildungsauftrag spielt in der Kinderbetreuung eine zunehmend wichtige Rolle. Die AutorInnen

- prechen aktuelle Fragen der Erziehung und Bildung an,
  z.B. Resilienz und Hochbegabung
- skizzieren Felder der frühpädagogischen Ausbildung
  und Praxis, z.B. naturwissenschaftliche Bildung sowie
  Elternarbeit,
- bieten LeserInnen Orientierung, z.B. in Sachen Qualitäts-
  entwicklung

www.reinhardt-verlag.de

Iris Füssenich / Carolin Geisel
Literacy im Kindergarten

Vom Sprechen zur Schrift
DIN A4. Enthält Bilderbuch „Toni feiert Geburtstag" von
Carolin und Julia Geisel
2008. 72 Seiten. 16 Abb. 2 Tab. Mit 14 Kopiervorlagen,
Bilderbuchumfang 12 Seiten. (978-3-497-01962-5) geh

Nicht immer ist der Spracherwerb „kinderleicht"! Sowohl
mehrsprachig als auch einsprachig aufwachsende Kinder
benötigen dabei manchmal Unterstützung. Denn nur, wenn
Kinder die Bedeutung der mündlichen Sprache erfasst haben,
sind sie gut auf die Schule und das Schreibenlernen vorbe-
reitet. Das Buch bietet einen Überblick über den Erwerb der
mündlichen Sprache und die Bedeutung der Schrift im Ele-
mentarbereich. Mit Hilfe von Beobachtungsaufgaben, die
spielerisch mit dem beiliegenden Bilderbuch und weiteren
Spielideen angeregt werden können, erfasst die ErzieherIn
die Erfahrungen eines Kindes und eventuelle Schwierigkeiten bei dessen Spracherwerb.

www.reinhardt-verlag.de

Michael Leidner
Englisch im Kindergarten

Leitfaden für ErzieherInnen
2007. 184 Seiten. 16 Abb. 2 Tab.
(978-3-497-01923-6) kt

Was Erzieherinnen über Englisch-Lehrangebote für Kindergartenkinder wissen müssen, finden sie in diesem Buch. Neben Grundlagen zum Spracherwerb und Besonderheiten der englischen Sprache erläutert der Autor alle Schritte, die bei einem guten Englischangebot zu bedenken sind. Außerdem schlägt er praktisch erprobtes Materialien vor.
Ein ausgefeilter Leitfaden für Fachkräfte, die Englisch im Kindergarten anbieten. Wenn Eltern wissen möchten, ob das Konzept ihres Kindergartens zum Englischlernen geeignet ist, können sie mit Hilfe einer Checkliste zu einem fundierten Urteil kommen. Don´t worry, it´s quite easy!

www.reinhardt-verlag.de

Max Kreuzer / Borgunn Ytterhus (Hg.)
„Dabeisein ist nicht alles" – Inklusion und Zusammenleben im Kindergarten

2008. 307 Seiten. 7 Abb. 6 Tab.
(978-3-497-01960-1) kt

Wie kann Inklusion im Kindergarten gelingen? Die Autoren präsentieren in diesem Buch den aktuellen Stand der Integrationsentwicklung und den Paradigmenwechsel zum neuen Konzept der Inklusion. Dabei stehen die Tageseinrichtungen für Kinder von drei bis sechs Jahren, die Aufnahme von Kindern mit Behinderungen und ihre Teilhabe an der „Peer-Kultur" im Mittelpunkt. Schließlich werden Modelle beschrieben, die sich im Umgang mit schwierigen Situationen in integrativen Gruppen bewährt haben.

reinhardt
www.reinhardt-verlag.de

Veronika Verbeek
Trierer Beobachtungs- und Förderbogen

Ein praktischer Leitfaden für die Kindertagesstätte
2006. 59 Seiten. 9 Tab. DIN A4. 8 Kopiervorlagen.
(978-3-497-01797-3) kt

Veronika Verbeeks Leitfaden zur Beobachtung und Förderung orientiert sich am Alltag in der Kindertagesstätte. Erzieherinnen können sich mit Hilfe eines differenzierten Beobachtungsbogens einen Überblick über das Verhalten der Kinder in den wichtigsten Entwicklungsbereichen verschaffen und daraus effektive Fördermaßnahmen ableiten. Dieser Leitfaden gehört zur Grundausstattung jeder Kindertagesstätte, weil er ermöglicht, pragmatische Beobachtung, effektive Dokumentation und fachlich begründete Förderung zu verknüpfen.

www.reinhardt-verlag.de